生活保護 実践講座

―利用者とともに歩む社会福祉実践―

新保 美香 著

全国社会福祉協議会

はじめに

『生活保護実践講座』と出会ってくださった皆さま、ありがとうございます。本書は、はじめて生活保護の仕事に就かれた初任者の方がたにも理解していただけるように、生活保護実践（生活保護における社会福祉実践）をよりよいものとするための基礎知識や実践方法を、できるだけわかりやすくお伝えすることをめざしています。

第一部の「基礎からはじめる生活保護実践」では、生活保護実践に関するさまざまなテーマを取り上げ、テーマごとに、考え方や実践方法のヒントをご紹介しています。新人ケースワーカーAさんの素朴なつぶやきから出発して、Aさんの悩みや戸惑いを受け止めながら、Aさんが二年めを迎えるまで、十二のステップをともに歩んでいきます。

第一部は、『生活と福祉』誌に、二〇一五年六月から二〇一六年四月まで「新人ケースワーカーのための生活保護実践講座」として、十一回にわたり連載させていただいたものに「ステップ９　アセスメントとプランニングの力を培うために」を新たに加えるなど加筆修正したものです。

第二部「ちょっとひといき生活保護実践」の「新人ケースワーカーのためのあいうえお」は、新人ケースワーカーの方々へのメッセージを、「あいうえお」の順に書いたものです。これは、筆者が一九九八年に横浜市社会福祉職の「新人ケースワーカーのフォローアップ研修」におじゃまする機会をいただいたときに、はじめて執筆しました。その後、少しずつ内容を見直しながら、さまざまな職種の方の研修等の機会にご紹介してきました。本稿は、このたび二〇一八年版として改訂したものです。あわせて第二部では、読者が生活保護実践について、理解を深めていただくための手がかりとなる文献を「ケースワーカーのための小さな本棚」としてまとめました。

なお、本書では、地方自治体に所属する地方公務員であり、生活保護実践において、利用者への相談援助・支援を担う担当職員（現業員）を、長らくこの領域で用いられてきた「ケースワーカー」と表現しています。もともと、ケースワーカーの実践は、ケースワーク（個別援助）にとどまらず、住民である利用者がよりよい生活が営めるよう、関係する人々や社会資源、地域社会に働きかけていくソーシャルワーク（社会福祉実践）として行われてきています。ソーシャルワーカーと表現するのが本来かもしれませんが、本書においては、この領域では一般的な呼称であり、連載等で用いた表現を生かしています。

新人ケースワーカーはもちろん、ケースワーカーとしての経験を重ねていらっしゃる方、査察指導員、福祉事務所の管理職、生活保護や生活困窮者自立支援制度の自立支援を担う支援担当者、関係機関の方がたなど生活保護にかかわる皆さま、そして生活保護実践について知りたいと思われる学生や一般の方がたにも、生活保護の仕事やケースワーカーの役割、生活保護実践のあり方に関する理解と関心を深める手がかりとして、本書をご活用いただければ幸いです。

新保美香

●目次

【第一部】基礎からはじめる生活保護実践

生活保護実践へようこそ

生活保護は大切な制度

全国で活躍されるケースワーカーの皆さま、こんにちは。
いま、皆さまは、どのような想いで、日々のお仕事に向き合っていらっしゃるでしょうか。読者の中には、今年度、はじめてケースワーカーとして実践を始めた方も少なくないかもしれません。生活保護は、人びとの生活、そして生命を支える大切な制度です。「最後のセーフティネット」といわれる本制度を利用する方がたの生活がよりよく支えられることは、単に、制度の利用者の幸せを実現するばかりでなく、地域住民、地域社会の幸せを支えることにもつながります。

地方公務員の皆さまは、各自治体が地方自治法第一条の二に規定される「住民の福祉の増進を図る」ことをめざして取り組みをすすめるなかで、さまざまな領域で、多様なアプローチで、力を尽くしてこられたことと思います。生活保護実践も、住民の福祉の増進を図るために必要不可欠な業務の一つです。制度の実施にかかわるケースワーカーの業務は、簡単なものではないかもしれませんが、市民に貢献したいという想いや願いをもって地方公務員になった皆さまにとっては、まさに、そのことが実現できる一つの職域でもあります。

ケースワーカーへの期待

また、近年、生活保護制度やそのあり方については社会的に大変注目されている状況にあります。制度をいかに実施していくかは、引き続き、国の政策においても重要な課題となっているといえるでしょう。

こうした流れにあって、いま、生活保護の業務を担う皆さまは、間違いなく、この大事な制度の実施を、期待をもって託されている存在です。この時代に、この仕事に携わることができることは、皆さまに与えられた得難い巡り合わせです。ぜひ、このことを前向きに受けとめて、日々の経験を大切にしながら、制度をよりよく実施していくことにそれぞれの力を発揮していただきたいと思います。

本項のねらい―利用者とともに歩む社会福祉実践をめざして―

第一部では、できるだけ新人ケースワーカーの方にもわかりやすいかたちで、生活保護実践（生活保護における社会福祉実践）をよりよいものにするための基礎知識や、実践方法のヒントなどをお伝えすることをめざします。

各項では、新人ケースワーカーＡさんのつぶやきから出発して、さまざまなテーマを取り上げていきます。法律の考え方、社会福祉の理論、これまでに厚生労働省保護課で作成した手引きなどを参考に、具体的な場面での対応方法もご紹介したいと思います。生活保護の仕事やケースワーカーの役割、実践のポイントなどを確認していただく機会になれば幸いです。

それでは、早速、新人ケースワーカーのＡさんと一緒に、歩みをすすめていきましょう。

ステップ1　生活保護実践の特性とケースワーカーの役割

新人ケースワーカーAさんのつぶやき　その①

私は、この四月に新規採用で市役所の職員となり、ケースワーカーになりました。生活保護という制度は知っていましたが、実際に、こうした仕事を自分が担当すると思っていなかったので、正直、辞令を受けて驚き、日々戸惑うばかりです。

いつになったら、先輩たちのように仕事ができるようになるのかな……。

1．生活保護実践の特性

◆特性を理解することの重要性

生活保護は、生活保護法第一条に定められているように、「最低生活保障」と「自立助長」の二つを目的として行われます。単に経済的な保障を行うばかりでなく、利用者（要保護者、被保護者）の生活の安定をめざしたさまざまな相談援助、自立支援を一体的に行っていきます。つまり、生活保護の仕事は、利用者の自立を支援するとともに、さまざまな課題の解決に向けた個人および環境への働きかけを行う、社会福祉実践でもあるのです。

本書では、生活保護における社会福祉実践を、生活保護実践と表現しています。この生活保護実践には、ほかの行政の仕事や社会福祉の領域にはないいくつかの特性があります。こうした特性を理解することが、ケースワーカーの日々の実践を、よりよいものにすることにつながっていきます。早速、その特性をみていきましょう。

特性1　利用者の「大変さ」に寄り添う仕事

ケースワーカーが、利用者に必要とされるのは、利用者が自分自身で解決できない生活上の課題をかかえたときです。利用者の大半は、生活保護制度を利用しながら安定的な生活を営んでいます。しかし、高齢、傷病、障害、母子などの世帯が多くを占めており、家族の支援が受けられない方がたもいらっしゃることから、何らかの生活の変動や病状の変化等により、ケースワーカーの支援が必要となる場合が少なくありません。こうした「大変さ」に寄り添うことがケースワーカーには求められています。

特性2　利用者との「葛藤」が生じやすい仕事

ケースワーカーは、生活保護の相談に際して、本人が本来は語りたくないような情報を把握していく必要があります。生活保護法第四条に規定される「補足性の原理」に基づく対応でもあり、業務上実施しなければならないことですが、利用者にとっては、苦痛を伴うことが少なくありません。また、金銭やサービスの支給にあたっては、必ずケースワーカーの判断が必要となりますが、このように「金銭」をかかわらせて相談が行われるため、利用者との葛藤が生じやすい状況にあります。

特性3　結果の見えにくい仕事

生活保護実践は、生身の人を相手に行われます。また、利用者のなかには、複雑にからみあった生活上の困難をかかえており、そうした困難の背景を理解し、解決に向けた働きかけを行うのに、時間がかかる方もいらっしゃいます。こうしたことから、ケースワーカーのかかわりの成果は、すぐに把握できるかたちでは現れにくく、計画したとおりにすすまないことが多いものです。あせらずに、種をまき、見守り、バトンを渡していきたいものです。

特性4　ケースワーカーの判断が求められる仕事

生活保護実践では、ケースワーカーの判断が常に求められていきます。このことは、この仕事の大きなやりがいでもありますが、一方で、重みのあることでもあります。適切な判断をしていくためには、前例にとらわれず、法律や実施要領にあたることが大切です。そして、判断が難しい場合は、査察指導員や先輩職員に相談したり、ケース診断会議など協議の場もぜひ活用していただきたいと思います。

◆ケースワーカーは組織の代表

いかがでしたか。これら四つの特徴を踏まえて、仕事の大変さや、計画どおりにいかないところを、「自分自身の責任」と考え、必要以上に悩んだり、結果を出そうと無理をしたりしないことが大切です。また、「人が人を援助する」この仕事では、ケースワーカー自身が唯一無二の「援助の道具」となります。自分自身の状態をよりよくするために、自己研さんはもちろん、喜び楽しめる機会も意識してつくり、自分の心身のコンディションをよりよく整えることをぜひとも心がけてください。

ケースワーカーは、組織を代表して利用者にかかわっています。「できないこと」「うまくいかないこと」を報告したり記録に書いていくことが、組織的な対応をしたり、組織の実践力を高めることにもつながります。また、「援助には限界がある」ということも、忘れないでいてください。

2．ケースワーカーの役割とは

◆ケースワーカーはソーシャルワーカー

ケースワーカーは、福祉事務所における相談援助を担う専門職員として、現在の生活保護制度の施行に伴い配置されました。この仕事に従事する職員は、人間理解のうえに立った専門家でなければならないとされ、社会福祉主事の資格をもっていることが求められています。

「ケースワーカー」は生活保護の業務を担当する現業員を表わすものとして、長らくこの領域で用いられてきた呼び方です。ケースワークという言葉のイメージから、個別援助を行う職員というイメージでとらえられがちですが、もともとケースワーカーには、ケースワーク、グループワーク、ソーシャルアクション、社会調査など、さまざまな援助技術を生かしながら、社会福祉実践（ソーシャルワーク）を行うことが期待されていました。すなわち、名称はケースワーカーであっても、求められているのは、ソーシャルワーカーとしての役割であるといえます。

単に、利用者個々に向き合うだけでなく、利用者の課題解決に向けて、家族や関係する人びと、地域社会に働きかけながら、一人の課題解決を、地域社会の課題解決に結びつけていくことが期待されているのです。これは、地方自治体の職員として皆さまが求められていることにも重なっています。

◆ケースワーカーはパートナー

それでは、ケースワーカーは、利用者に対してどのような役割を果たすべきでしょうか。

筆者は、ケースワーカーは、利用者のパートナーであると考えています。私たちはそれぞれに、自分自身の人生を歩みます。利用者の人生は、誰のものでもない、利用者自身のものです。かけがえのない人生をよりよくしていく主体は、利用者本人です。そして、さまざまな課題を解決できるのも、利用者自身なのです。

生活保護制度は、利用者の生活を安定させたり、自己実現を図っていくための一つの手段にすぎません。ケースワーカーは、利用者一人ひとりが目標を達成していくためのパートナーとしての役割を担います。利用者の主体性を大切に、利用者が人生のさまざまな困難に向き合うことのつらさに寄り添い、誰にもしんどい局面を乗り越えていく力があることを信じて利用者の力を引き出し、必要な支援のコーディネートをしていくのが、ケースワーカーの重要な役割なのです。

図1は、生活保護制度を挟んで向き合う関係になっている、利用者とケースワーカーの姿です。制度を利用するために、やむを得ず両者がかかわりをもっている状態です。実は、こうした向き合い方となってしまっている利用者とケースワーカーは、残念ながら少なくないように感じています。「制度の決定実施のためのケースワーカー」という理解や状況は葛藤を生み出しやすく、両者の関係を難しいものにしてしまいます。また、自立を促すこととは逆に、図らずも利用者の生活を管理することになってしまい、必要以上に制度やケースワーカーが利用者を束縛してしまうことにもつながります。

図1

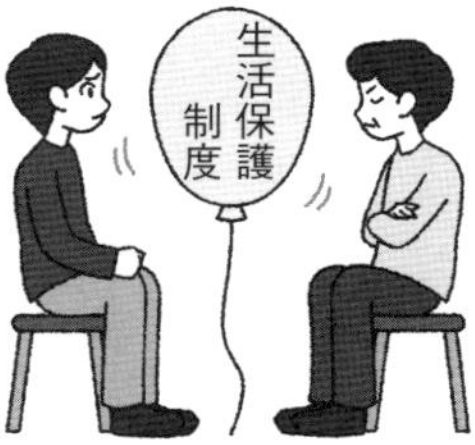

図2

図2は、利用者のパートナーとしてのケースワーカーの姿を表しています。利用者の目標達成に向けた同行者、伴走者としてのイメージであり、これが本来の姿です。

◆ぜひ伝えたいケースワーカーの役割

利用者が、長らく**図1**の関係におかれていた場合、急に**図2**に転換するのは難しいことかもしれません。しかし、**図1**の関係は、生活保護を利用することそのものに、利用者の力を費やしてしまうこともあり、できるだけ避けたいことです。

ケースワーカーが新たに利用者に出会うとき、また、担当変更のタイミングなど折々に、「ケースワーカーは、生活がよりよくなるようお手伝いさせていただくパートナー」であることを、ぜひ利用者に伝えていただきたいと思います。

Aさんからのメッセージ

生活保護の仕事の特性と、ケースワーカーの役割が、ちょっとだけ、理解できたような気がします。いまの私にとってはとても重たい仕事ではありますが、利用者のパートナーになれるといいな……と思います。

ステップ2　生活保護実践に必要な基本姿勢と考え方

新人ケースワーカーAさんのつぶやき　その②

いまの職場に配属されて三か月が過ぎ、ようやく職場に慣れてきたところです。
でも、仕事については慣れないことばかり。相談者への対応、事務処理、まだまだ不安でいっぱいです。日々の業務、どのように向き合ったらいいのかな……。

1．生活保護実践に必要な実践力を育てる

◆経験を重ねるなかで培われる実践力

新人ケースワーカーの皆さまは、いまの時期は特に、Aさんのように、日々の業務を不安のなかで行っていらっしゃるかもしれません。訪問活動、収入認定変更など、ある程度定例的に行う業務にも慣れていかなければなりませんし、着任早々、緊急対応や組織的な判断が必要となる相談に向き合う経験をしていらっしゃる方も少なくないことでしょう。

実務に必要な知識や技術をすべて習得してから実践にあたることができればよいのですが、生活保護実践は、人の生活、人生のあらゆる側面にかかわりながら行われるため、それは難しいことです。このため、ケースワーカーは、自治体や職場で行われる研修で学んだ基本的な知識、査察指導員（スーパーバイザー：ＳＶ）によるスーパービジョンや、関係機関の専門職との協働等の機会を活用し、日々の相談者への相談や対応、決定実施の判断や事務処理などの経験を重ねながら、実践力を培っていくことになります。

◆悩んだときこそ学びのチャンス

基本的な対応については、一年間の業務を経験するなかで、次第に一人でできるようになっていきます。近くにいる先輩職員の方がたの姿を見れば、それも納得できるのではないでしょうか。「わからない」「うまくいかない」「悩んでしまう」ような場面こそ、新たな知識を学び、実践力を育てるチャンスとなります。これは、新人に限らず、すべてのケースワーカーにいえることかもしれません。

SVや先輩・同僚の職員、関係機関の方がたに相談することはもとより、判断の根拠となる「生活保護法」「保護の実施要領」などにあたり、法の理念や原理・原則を踏まえた質の高い実践のできる実践者をめざしていただきたいと思います。

2．生活保護実践に必要な基本姿勢

◆基本に立ち返ることの大切さ

前項では、経験を重ねるなかで実践力が培われるとお伝えしました。しかしながら、単に経験を重ねればよい、ということではありません。先にもお伝えしたように、皆さまの日々の実践は、生活保護法の理念や原理・原則を踏まえた取り組みとなっているかどうかが、問われてきます。

ケースワーカーの皆さまが、実践の拠りどころとされているのが『生活保護手帳』ではないでしょうか。『生活保護手帳』の位置づけについては、「バイブル（指針となり日頃から読み返す書）」といわれていたり、「辞書（必要なときにひもとく書）」といわれていたりしますが、皆さまはどのように思われますか。私は、その両方の側面を備えているように感じています。日常業務においては、『生活保護手帳』の「保護の実施要領」のところをくり返し読まれるかもしれませんが、「生活保護法」の条文にも親しんでいただきたいと思います。

とりわけ、生活保護法の目的と原理・原則を含んだ第一条～第十条は、いつでも、相談者や制度の利用者にわかりやすく説明できるように理解しておくべき根幹にあたる部分です。ぜひこのタイミングでご確認ください。また、「保護の実施要領」については、前例にとらわれず、個々の判断をするときに、ひもとく習慣をつけておきたいものです。

◆「生活保護実施の態度」

ケースワーカーにとっては必携の書である『生活保護手帳』ですが、その冒頭に書かれている「生活保護実施の態度」（囲み参照）は、適切に制度を実施するため、そして、よりよい生活保護実践を行うための出発点として、折々に読み返しておきたい内容です。次に、その概要をご紹介します。

◆あたたかい配慮のもとに

「生活保護実施の態度」の冒頭には、「保護の実施要領等を骨とし、これに肉をつけ、血を通わせ、あたたかい配慮のもとに生きた生活保護行政を行うよう」七つの点に留意して実施することを期待するとあります。大変印象的な言葉です。

「あたたかい配慮のもとに」という表現に代表されるよう、2から6の項目には、要保護者、被保護者に対する配慮、対応の基本姿勢といえる内容が示されています。1から3を踏まえて、4にあるように「被保護者の立場を理解し、そのよき相談相手となるようにつとめること」により、5の実態の把握も可能となり、6のように協力が得られるようになるものと考えられます。7にあるように、確信をもって業務にあたれるよう組織のなかで相互に研さんしていくことができれば何よりです。

1から7の項目それぞれには短い解説がありますので、その内容は、ぜひともそれぞれがお持ちの『生活保護手帳』をご覧ください。なお『生活保護手帳』とともに『生活保護手帳別冊問答集』の冒頭にも、同様の基本姿勢が「生活保護問答集について」として掲載されていますので、そちらもご一読ください。

3．相談対応の基本的考え方

◆相談者に適切に対応するために

それでは、実際に、相談者（要保護者・被保護者）に適切に対応するために、どのようなことを基本とすればよいのでしょうか。

平成二十一年三月に厚生労働省社会・援護局保護課が作成した『生活保護における相談対応の手引き』（以下『手引き』）には、「生活保護業務の特性をふまえた相談対応の基本的考え方」として次のような四項目が示されています（『手引き』七－八頁）。ここで確認してみましょう。

⑴ 相談者の人格や尊厳を尊重する

「どのような相談者も、かけがえのない一人の人として迎え、相談者の人格や尊厳を尊重することが、相

生活保護実施の態度

生活保護業務に従事される各位におかれては、保護の実施要領等を骨とし、これに肉をつけ、血を通わせ、あたたかい配慮のもとに生きた生活保護行政を行うよう、特に次の諸点に留意のうえ、実施されることを期待するものである。

1. 生活保護法、実施要領等の遵守に留意すること。
2. 常に公平でなければならないこと。
3. 要保護者の資産、能力等の活用に配慮し、関係法令制度の適用に留意すること。
4. 被保護者の立場を理解し、そのよき相談相手となるようにつとめること。
5. 実態を把握し、事実に基づいて必要な保護を行うこと。
6. 被保護者の協力を得られるよう常に配意すること。
7. 常に研さんにつとめ、確信をもって業務にあたること。

※『生活保護手帳　二〇一七年度版』中央法規出版、二〇一七年、一二三頁より抜粋。

談対応をする上での基本姿勢です。このことが、相談者との信頼関係を構築するための出発点となります。」（『手引き』七頁）

　このことは、地方公務員として求められる倫理にも重なり、すべての対人援助サービスの基本となる考え方でもあります。常に、心にとめておきたいことです。

(2) 相談者の重層的な不安を理解し、丁寧に対応する

「福祉事務所を訪れる相談者の多くが、生活上の不安とともに、相談窓口で非難や批判をされずに話を聴いてもらえるか、困っていることが本当に解決できるかというような、さまざまな不安を持ち相談に訪れます。このように、重層的な不安を抱えている場合には、誰もが、本当に自分が望んでいることや、事実を伝えることを躊躇《ちゅうちょ》してしまうような心情に陥りやすくなります。」（『手引き』七頁）

　ケースワーカーには、こうした状況を理解し、相談者が安心して相談できるような対応や配慮をしていくことが求められているといえます。

(3) 相談者をありのままに受けとめる

「相談者がどのような状況にあっても、まずは、目の前に向き合う相談者のありのままの現実を、善悪等の価値判断をせずに、受けとめることが大事です。相

談者は、自分自身の気持ちや状況を、否定されずに受けとめてもらえたと感じたときに、ケースワーカーに対して安心感や信頼感を抱くことができるのです。」（『手引き』七頁）

どのような相談者と向き合うときも、先入観をもつことなく、相手の状況を受けとめ、話に耳を傾けていきたいものです。

(4)「説明と同意」を十分に行う

「相談対応をよりよく行う上で忘れてはならないのが、相談者との間で、丁寧に『説明と同意』を行うことです。生活保護制度をはじめとする諸制度の内容や、調査（質問）をしている理由、ケースワーカーの役割などを、相談者がわかる言葉や表現で説明し、相談者の理解と同意を得ていくことが求められます。（中略）情報収集の必要性が十分に説明され、理解できたときにはじめて、相談者は安心して、自分のことをケースワーカーに伝えることができるのです。」（『手引き』七－八頁）

このことも、相談者との信頼関係を構築し、適切な対応を行っていくために不可欠な姿勢であり、実践していきたいことです。

◆信頼関係の構築に向けて

生活保護実践においてケースワーカーは、相談者や制度の利用者、一人ひとりの個別の状況に対応していきます。適切に課題解決を図り、生活保護の目的を達成するためには、相談者の置かれている状況や心情をできるだけありのままに把握し、理解する必要があります。前掲の相談対応の基本となる四つの考え方は、そのために必要な、相談者との信頼関係構築に向けた基本的な心構えや姿勢を示しているものといえます。

どのように、そうした心構えや姿勢を実践のなかで具体化できるかは、これからのステップのなかで、一緒に考えていきたいと思います。

この手引きには、相談対応の基本のみならず、トラブルが起きた場合や、専門知識を要する相談者への具体的な対応方法などが多面的に紹介されています。新任職員の方がたにもわかりやすく、業務で困ったときに解決のヒントが見つけられる内容です。ぜひご覧ください。

◆悩んだときほど基本に戻ろう

今回は、生活保護実践に必要な基本姿勢と考え方を、厚生労働省が示した指針や手引きの内容を踏まえてご紹介しました。困ったとき、悩んだときには、すぐに解決できる方法や手段を見出したいと焦ってしまいがちですが、そのようなときほど、「基本に立ち戻ってみる」ということを、思い出してください。
きっと、皆さまの実践をよりよいかたちですすめていく、多くの気づきが得られることと思います。

Aさんからのメッセージ
「生活保護実施の態度」、そういえば、四月の新人研修で教えてもらったことを思い出しました。いま見直してみると、新鮮ですね。あたたかい配慮、できるようになりたいです。

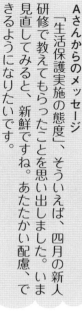

ステップ3　利用者との面接をよりよいものにするために

新人ケースワーカーAさんのつぶやき　その③

生活保護の仕事をしていると、日々、たくさんの利用者と面接しなければなりません。特に、初対面の利用者との出会いの場面では、ドキドキしながらのぞんでいます。緊張しないで、利用者と向き合える方法ってあるのかな……。

1．生活保護実践における面接の意義と心構え

◆大切にしたい面接の機会

「ケースワーカーの仕事は、面接にはじまり面接に終わる」というような言葉を、耳にされたことがあるかもしれません。実際に、Aさんのつぶやきにもあるように、ケースワーカーの皆さまは、日々、多くの利用者に向き合っていらっしゃることでしょう。

面接は、人と直接対面し、コミュニケーションを図っていく場面のことを意味しています。ケースワーカーは、面接を通じて利用者との援助関係を築き、利用者の困りごとや、解決したいことを把握し、利用者と一緒に今後の目標や方向性を検討していきます。生活保護は、利用者の状況に則して、「オーダーメイド」で必要な金銭やサービスの給付を行うとともに、自立に向けた相談援助・支援を行う制度です。したがって、面接の機会をよいものにしていくことは、生活保護をよりよく実施していくためにも、とても大切なことなのです。

◆生活保護実践における「面接の心構え」

ここで、生活保護実践における「面接の心構え」を紹介したいと思います。

左に掲げた六つの項目は、厚生労働省社会・援護局保護課が平成二十年三月に作成した『自立支援の手引き』に示されている内容を整理したものです。いずれも、本書ステップ2の「生活保護実践に必要な基本姿勢と考え方」に重なり、連なる内容であることに、お気づきいただけるのではないかと思います。

> **面接の心構え**
>
> 1. 相談者の基本的な人権の尊重
> 2. 相談者自身の力を引き出し、その力を生かしていく
> 3. 相談者の「強さやよいところ」を見ていく「ストレングス視点」をもつ
> 4. 相談者の生活全体を理解する（困っていることの背景を考慮する）
> 5. 相談者の主体性と自己決定を尊重する
> 6. 誠意をもって接する
>
> ※『自立支援の手引き』厚生労働省社会・援護局保護課、平成二十年三月、十-十一頁の内容をもとに筆者作成。

◆援助関係構築の推進力となる「ストレングス視点（いいところ探しの視点）」

どのような面接場面でも、利用者の基本的な人権を尊重し、かけがえのない大切な人として迎えることが求められています。ケースワーカーが、利用者の「パートナー」となっていくためには、このことが不可欠といえます。最後の項目として掲げられている「誠意をもって接する」ことも、そのために大切にしたい姿勢です。

利用者自身に、自分自身の生活をよりよくしていく主体となっていただくためには、利用者のかかえる「問題」や「課題」ばかりに着目せず、困りごとの背景にある状況や生活全体をとらえる視点をもつとともに、利用者の「強さやよいところ」をとらえる「ストレングス視点」をもつことが必要です。

「いいところ探しの視点」で利用者とかかわることは、利用者との援助関係を構築するための推進力となります。ぜひ、実践していただきたいことです。

2. さまざまな面接場面で配慮したいこと

ここからは、いくつかの場面（シーン）別に、面接をよりよいものにするために、具体的にどのような工夫や配慮ができるか、「面接の心構え」を踏まえて考えてみ

たいと思います。

シーン1　面接相談の窓口にて……

ケースワーカーBさんは地区担当員ですが、今日は、輪番制の当番で、面接相談の窓口を担当することになりました。相談窓口は込み合い、多くの人が待っています。福祉事務所の「顔」ともいわれる相談窓口で、どのような対応をすればよいでしょうか。

面接相談の窓口を担当することは、ケースワーカーにとっては、なおのこと緊張を伴う場面ではないかと思います。一方で利用者は、ケースワーカー以上に、不安と緊張をもって相談窓口を訪れています。このようなときに大切にしたいポイントは以下の三つです。

第一は、利用者に対して、ケースワーカーから積極的に声をかけていくことです。窓口では、利用者が窓口の前を何度も行き来する光景がよく見られます。「ご相談ですか」「こちらでお待ちください」というように、タイミングを逃さず声をかけ、案内してください。

第二は、利用者に何の対応もせず長時間お待たせしないことです。相談が集中し、込み合うことはよくあることです。相談の緊急性などを確認しながら、そのまま待っていただくか、面接可能な時間に再度来ていただくか判断し、時間の見込みを伝えてください。利用者は、相談できることがわかったことで安心します。

第三は、利用者に対するねぎらいの言葉をかけるよう心がけていくことです。「お待たせしてすみませんでした」「雨のなか来所していただきありがとうございました」「遠いところ、大変でしたね」などの一言で、利用者は、「ここに相談に来てよかった」と感じることができます。たとえ長時間待ったとしても、こうした言葉が不安やいらだちを緩和させていきます。何気ないことばかりですが、こうした配慮が利用者の不安を解消し、面接をよりよいものにしていく第一歩となります。

シーン2　生活保護の相談場面にて……

ケースワーカーBさんは、生活保護の相談をしたいという、Cさんと面接することになりました。Cさんは、見るからに不安そうにうつむいています。どのようなことを心がけたらよいでしょうか。

はじめて相談に来た利用者に対応する場面で心がけたいことは、以下の三つです。

第一は、ケースワーカーから自己紹介をすることです。

のではなく、「私は、相談を担当させていただくケースワーカーの○○です。どうぞよろしくお願いします」と、落ち着いて、おだやかな雰囲気で相談者に向き合ってください。

第二は、「今日はどのようなご相談ですか」と、まずは、利用者が話をしやすいように言葉をかけることです。そして、利用者の話をよく「聴いて」いただきたいと思います。適度な「うなづき・相づち」や、「大変でしたね」「つらかったですね」というような共感的な応答は、利用者に「話を受け止めてもらえている」と感じていただくために有効です。秘密が守られることを伝えることも、安心感の醸成につながります。

第三は、生活保護の申請がなされた場合には、あらためて、生活保護制度の目的と原理をわかりやすく伝えることです。特に、「補足性の原理」（生活保護法第四条）についての説明がなされないまま、資産や能力、扶養義務者に関する質問がなされた場合、「なぜこのことを言わなければならないのか」と抵抗感をもたせてしまい、「このことを伝えると不利益になるのではないか」と、利用者がありのままのことを言えない状況をつくってしまいます。

生活保護に関する相談の多くは、通常、他者には知られたくない情報をお聴きすることから始まっていきます。

ケースワーカーには、このような状況における利用者の「痛み」を理解し、話しやすい環境や雰囲気をつくるための配慮をすることが求められています。

シーン3　引き継ぎ後の初回面接にて……

ケースワーカーBさんは、引き継いだばかりの初対面のDさんと、これから所内で面接します。先日、「病院をかえたいので相談に乗ってほしい」と電話連絡があり、面接の約束をしました。前任者の記録によれば、Dさんからは、過去にもしばしば、同様の相談を受けていた様子。どのようにDさんと面接をすればよいでしょうか。

地区担当のケースワーカーの場合、このシーンのように、自分自身が担当する利用者と、初対面や、引き継ぎ訪問での挨拶を交わした程度のつながりのなかで、面接をしていくような場面が少なくないことと思います。そのようなときに心がけたいことは、以下の三つです。

第一は、先入観をもたず、新たな気持ちで、利用者と出会っていくことです。利用者への援助は、できるだけそれまでの援助方針を継承して行っていきたいところです。しかし、そう願うあまりに、過去の記録をもとに利用者を「こういう人」と決めつけ、先入観をもって向き合う合ってしまうことで、利用者との良好な援助関係の構築を妨げてしまう場合もあります。

第二は、まずは、利用者の話や訴えを聴くことです。なぜ、Dさんが「病院をかえたい」と訴えているか、担当者が替わりあらためて話を聴くことで、Dさんの想いや願いの背景にあるさまざまな状況を、また違った視点からとらえることができます。担当者が替わったことを、ぜひ前向きに生かしてください。

第三は、Dさんの「強さやよいところ（ストレングス）」を見出すことです。ともすると、Dさんに「病院をかえたいという要求が多い利用者」とラベルを貼ってしまうかもしれません。しかし、「ストレングス視点」でとらえなおしてみれば、「自分の困りごとを相談できる」「身体の不調を何とか改善したいと努力している」というようなDさんのストレングスが見えてきます。

「何度も病院はかえられません」ではなく、「Dさんもなかなか体調がよくならずにつらいですよね」「担当が替わったばかりですが、相談していただきありがとうございます」というようなコミュニケーションが、援助関係を構築し、実際にどのような対応が必要かを見出すきっかけをつくっていくものと思います。

3．面接をよりよいものにするために

◆利用者が安心できる「言葉と行動」を

面接の場面では、利用者が緊張を緩和し、困っていることをありのままに相談できるようなイニシアチブを、ケースワーカーがとっていただきたいと思います。あいさつ、ねぎらいなど、利用者が安心できるようなメッセージを「言葉」で直接伝えることが基本となりますが、それが、心からのメッセージとして伝わるように、「言葉と行動」を一致させることも大事です。

例えば、ケースワーカーの都合で忙しそうにしている姿を、不安や緊張をもつ利用者は「どうせ自分の話など聴きたくないのだろう」と、否定的にとらえてしまうことがあります。利用者は、言葉以上にケースワーカーの態度にも注目しているということを、心にとめておいてください。

◆「援助の道具」としての自分自身を大切にする

ケースワーカーは、唯一無二の「援助の道具」である自分自身を活用しながら面接を行っていきます。ケースワーカーも人間です。自分のコンディションがすぐれないと、話を聴く集中力が不足してしまったり、利用者の

言動を受け止めることができず、利用者の感情にゆさぶられたり、巻き込まれてしまったりすることがあります。また、ケースワーカー自身のマイナスの感情に、利用者を巻き込んでしまうこともあります。

面接が立て込んでいるようなときこそ、次々と、利用者との面接を続けず、合間に少しでもリフレッシュの時間を入れることが大切です。そうすることで、新しい気持ちで、相談者に向き合うことができるようになります。自分自身のコンディションがすぐれないときには、「無理をしない」ということも、一つの選択です。ポイントを絞った面接を心がけ、場合によっては、査察指導員に面接に同席してもらうことも検討してみてください。

さまざまな利用者との出会いのなかで、ケースワーカーの皆さまの面接力は、だんだんと磨かれていきます。ぜひ、利用者に「相談してよかった」と思っていただける、面接相談のプロフェッショナルをめざしていただきたいと思います。

Aさんからのメッセージ

先入観で利用者を見ないということ、これから、心がけてみたいです。

まだまだ、面接では緊張してしまいそうですが、リフレッシュしながら、利用者とよい出会いができたらいいなあ……と思います。

ステップ4　訪問調査の充実に向けて

新人ケースワーカーAさんのつぶやき　その④

仕事にも慣れてきたこの頃、引き継ぎ訪問後の家庭訪問に、ひとりで出かけるようになりました。訪問先では、何を話してよいか、正直困ってしまうこともあります。先日は「わざわざ来てくれなくてもいいのに……」と言われてしまい、訪問する理由をどう伝えたらよいか悩んでしまいました。訪問はなんだか気が重いです……。

1．訪問調査の目的と意義

◆訪問調査の目的とは

ケースワーカーの行う日々の実践において、「訪問調査」は、大きな位置を占めているのではないでしょうか。訪問調査は、生活保護実践に固有の活動であり、ケースワーカーが利用者の生活状況に則して適切に相談援助、自立支援を行っていくために不可欠なものです。訪問調査の目的は、実施要領上「要保護者の生活状況等を把握し、援助方針に反映させることや、これに基づく自立を助長するための指導を行うこと」とされています（『生活保護手帳二〇二〇年度版』中央法規出版、四二五頁）。

訪問調査には、⑴申請時等の訪問、⑵訪問計画に基づく訪問（家庭訪問、および入院入所者訪問）、⑶臨時訪問、がありますが、特に⑵の訪問計画に基づく訪問については、多くの世帯を担当するなかで、計画どおりになかなか訪問できなかったり、また、Aさんのような新人ケースワーカーにとっては、訪問時に何を話題にしたらよいかわからないといったようなことが悩みとなったりするかもしれません。

今回は、(2)の訪問計画に基づく訪問を中心に、訪問調査を充実させていくためにできることを、一緒に考えていきたいと思います。

◆訪問調査の意義

訪問調査には、以下の二つの意義があると考えられます。第一は、利用者が自らすすんで相談することのない生活上の変化や、世帯が必要としていることを積極的に把握できることです。第二は、利用者がより安心して話のできる、利用者が日々生活している場所で面接できることです。

生活保護は、利用者の生活上の変化や必要に応じて、〝オーダーメイド〟で実施される制度です。訪問調査を通じて、ケースワーカーが利用者の「生活の変化」「必要となっていること」「かかえている課題」などを、客観的にとらえたり、利用者がリラックスして話せる面接のなかで把握したりすることで、保護を適切に実施することができるのです。

◆訪問調査で何をしたらよいか

訪問調査、特に家庭訪問では、利用者が困っているこ

訪問調査で確認したいこと

A：世帯員にかかわること
　世帯員、世帯員をとりまく人間関係（親族を含む）に変化はないか。世帯員全員と面接することを心がける。

B：住環境にかかわること
　住環境は世帯が生活するのに適切か。住環境の変化、家具什器の状況、契約更新等について。

C：健康にかかわること
　健康状態、食生活、病気や通院、服薬の状況、ＡＤＬの変化、介護等の必要性や介護サービスの利用状況について。

D：社会生活にかかわること
　就労や求職活動の状況。通学や施設への通所、地域活動への参加、近隣との関係などについて。

E：家計にかかわること
　収入の状況。家計のやりくりの状況。
　必要な金品の有無などについて。

F：将来に向けた希望や展望
　世帯員それぞれのもつ希望や展望について

（筆者作成）

とや、利用者の生活上の変化がないか確認するとともに、利用者が安心して話のできる環境のなかで、利用者の本音や真意が把握できるよう心がけてください。

前頁のA～Fが、確認すべきことのポイントとなります。A～Eは、利用者の「現在」をとらえる視点です。訪問調査では、こうした「現在」だけでなく、Fの「未来」にも視点を広げてください。ぜひ、「将来の希望や展望」も話題とし、確認していただきたいと思います。

2. 家庭訪問をよりよいものにするために

◆家庭訪問をよりよく行う三つのポイント

ここで、家庭訪問をよりよく行うための三つのポイントを紹介します。

第一は、利用者に家庭訪問の意味を正しく伝え、理解を得ることです。もし、説明のないままに家庭訪問が行われてしまうと、利用者は、「生活を監視しに来ている」「おしゃべりの相手に来てくれている」など、利用者それぞれの感覚でケースワーカーの訪問を受け止めてしまいます。ぜひ利用者にケースワーカーの家庭訪問に協力してもらえるよう、理解を得ていきたいものです。

第二は、原則として約束して訪問することです。利用者に「いつでもどうぞ」と言われれば別ですが、約束なしの訪問やついでの訪問は、極力避けたいことです。利用者には年間の訪問の回数や時期を伝え、都合のよい時間帯や曜日を確認するなど、合意を得ておくことが大切です。こうしたことで、ケースワーカーへの信頼感が高まります。そして、長期未訪問を防ぐこともできます。

第三は、プライバシー保護に配慮することです。利用者が生活保護を受給していることを不用意に近隣に知らせる以下のようなことは、可能な限り避けたいものです。

・玄関先に福祉事務所名の入った公用車や自転車を駐車する。
・玄関先で「福祉事務所の者です」と近隣に聞こえる声で名乗る。
・同じ集合住宅の世帯を、次々と訪問する。
・福祉事務所名の入った不在票を見えるところに置く。

ケースワーカーには守秘義務があり、細やかな対応が求められています。

◆利用者の理解と信頼に基づく家庭訪問を

先にあげた三つのポイントは、いずれも家庭訪問を行う際に、利用者に対して配慮しておきたい内容です。なぜ、そのような配慮が必要なのでしょうか。それは、利用者との信頼関係が維持できなければ、訪問調査は実質的なものにならず、その目的が達成できないからです。
例えば、「約束しないで突然訪問しないとありのままの生活状況はわからない」というような考え方もあるかもしれません。しかし、利用者が望まぬ「突然の訪問」を続けていた場合に、信頼関係の維持は難しくなります。その時点での「ありのままの生活状況」を見ることはできるかもしれませんが、自立を助長していくための援助・支援を検討するうえで重要な「ありのままの本人の想い、考え、現状」を聴くことができなくなる可能性が高まります。
生活保護法第二十八条の規定により、ケースワーカーには「立入調査」を行う権限が与えられていますが、同条第四項に明示されるように、これは「犯罪捜査」のために認められたものではありません。利用者の理解と信頼に基づく家庭訪問により、実効性のある援助方針を利用者とともに策定し、援助・支援を実りあるものにしていくことがケースワーカーには期待されているといえるでしょう。

3. 訪問調査の充実に向けて

◆家庭訪問での対応の工夫

ここからは、家庭訪問におけるいくつかの場面（シーン）別に、具体的にどのような対応の工夫ができるか、ご紹介していきたいと思います。

シーン1「来なくてもいいです」と言われたとき……

ケースワーカーBさんは、Eさん宅を訪問しました。帰り際に「Bさんも忙しいでしょう。わざわざ家まで様子を見に来なくても大丈夫。これからは私が福祉事務所に行くからもう来なくてもいいです」と言われてしまいました。どのように答えたらよかったのでしょうか。

Eさんは、訪問の目的が理解できていないようです。このような場面では、「家庭訪問は、Eさんが生活上で困っていることや必要としていることがないかをうかがったり、生活保護制度が過不足なく利用できているかどうかを確認し合うための機会です。窓口ではゆっくりお話しできないので、定期的に訪問させていただいています」というような説明をすることで、理解していただけるかもしれません。
訪問されていることを近隣に知られたくないなどの理由がある場合もあります。「訪問することで何か支障があるようでしたら教えてください」と率直にお聴きすることも対応の一つです。もし、訪問に拒否的な利用者の場合には、無理に訪問せず、まずは所内面接により訪問を拒む理由を把握し、訪問の意味を説明したうえで対応することが望まれます。

シーン2「また会いに来てね」と言われたとき……

ケースワーカーBさんは、一人暮らしで障害のあるFさん宅を訪問しました。Fさんは B さんの訪問を喜び、長時間にわたり過去の話などを続けました。次の予定があるのに、なかなか話を切り上げることができません。ようやく話を終えたとき、Fさんから「また会いに来てね」と言われてしまいました。これでよいのでしょうか。

Fさんのように、ケースワーカーの訪問を、心待ちにしてくださる利用者もいます。確かに、「会いに行くこと（安否確認）」も訪問調査における目的の一つといえますが、困り事や緊急に対応すべきことがない場合には、「今日は何時には失礼しなければならないのです」とあらかじめ伝え、予定の時間になったら話を切り上げ、次回の面接の約束をするなどの工夫をされるとよいと思います。「最近の生活のご様子や、通院のことなどを聴かせてください」と、はじめに確認すべきことをお伝えするのも一つの方法です。

話ができるのはケースワーカーだけという、孤立しがちな利用者もいます。Fさんがもし、そのような状況にあるとすれば、Fさんが人とつながることのできる「社会的な居場所」となる社会資源がないか、検討してみてください。

シーン3「特に何もありません」と言われたとき……

ケースワーカーBさんは、Gさん宅を訪問しました。Gさんは、「生活は変わりません。特に何もありません」と話したきりで、黙ってしまいました。間がもたず、何を話したらよいかわからず、Bさんは困ってしまいました。どうすればよかったのでしょうか。

Gさんのように、制度を利用しながら安定的な生活を営んでおり、「特に変わりがない」と答える世帯もあることと思います。このようなとき、ぜひ、おすすめしたいのが、「保護のしおり」などを用いて、あらためて生活保護制度について説明したり、「保護の基準表」をお見せしながら、保護基準や保護費支給額について確認したりすることです。

これらについては「すでに説明されているもの」と考えてしまいがちですが、制度や保護費支給額の算定根拠がよくわからないと感じている利用者は少なくありません。制度や保護基準についてわかりやすく説明してくれるケースワーカーは、利用者の目線で考えると、大変心強く、信頼できる存在となります。「もうご存じかもしれませんが……」と声をかけながら、ぜひ家庭訪問時に説明する機会をつくってください。このことが、保護を適正に実施することにもつながっていきます。

◆地区を歩いて「地域を知る」

ケースワーカーは、「地区担当員」として、地区に住む利用者を担当していると思います。家庭訪問の際には、できるだけ地区を歩き、商店、病院、学校、施設、郵便局、金融機関、公園など、利用者が日常生活のなかで利用する場所や機関など、地域の状況を把握することを心がけてください。利用者の生活を立体的にとらえることが可能になります。

　地域を熟知している民生委員・児童委員との連携・協働も不可欠です。まだ地区を担当する民生委員・児童委員と面識がない場合は、ぜひ、連絡をして訪ねてみてください。民生委員・児童委員は、生活保護法第二十二条にて、事務の執行に協力するものと規定されています。訪問しにくいと感じている世帯に同行訪問してもらったり、安否が気になる利用者の見守りをお願いしたりすることもできる心強い存在です。

　ケースワーカーの皆さまの行う訪問調査が、よりよいものとなりますよう、できることから取り組んでいただきたいと思います。

Aさんからのメッセージ

今度から、「保護のしおり」と「基準表」をもっと活用したいです。地区を観察しながら歩くことも、さっそく、やってみようかな……。

ステップ5　記録の技法―記録のまとめ方と取り扱い―

新人ケースワーカーAさんのつぶやき　その⑤

日々の業務のなかで、案外負担になっているのが、ケース記録を書くこと。日々の対応に追われていると、気づくと記録が書けずにたまってしまうばかり。内容も、これでいいのか不安です。

何かいい方法はないのかな……。

1. 記録の目的と意義

◆「記録」とは何か

ケース記録（以下「記録」）は、ケースワーカーの実践活動を支え、利用者に的確な対応をしていくための基礎資料となる大切な役割をもっています。しかしながら、実際に記録を書くことは、ケースワーカーにとっては労力を要することであり、Aさんのように、負担に感じている方も少なくないことと思います。

記録とは、「クライエント（サービスの利用者等）の具体的な訴えや変化、援助の進捗状況、援助者（ソーシャルワーカー等）の事例に対する評価等を記したもの。援助者にとって今後の援助方針を導き出すための重要な材料となり、よりよい援助の提供に向けて活用される。また、スーパービジョンのための素材、第三者への事例の動向の明示、機関・施設の円滑な運営、教育・研究のための資料としても活用される」（社会福祉学習双書二〇二〇・第十六巻『学びを深める福祉キーワード集』全国社会福祉協議会、三四頁）と定義されています。

記録を書くことは、利用者のため、ワーカー自身のため、機関のため、ひいては、生活保護・社会福祉実践をよりよいものとしていくために不可欠なものなのです。

◆生活保護実践における記録の目的

生活保護実践における記録には、以下のような二つの固有の目的があります。

第一は、保護決定の根拠や、保護実施の過程を明示することです。これは、生活保護法の目的の一つである「最低生活保障」が、法律の趣旨や実施要領に基づき適切に行われているかを検証する視点ととらえることができます。

第二は、要保護者の置かれている実情を把握するとともに、ケースワーカーの援助・支援の過程を明示することです。これは、生活保護法のもう一つの目的である「自立の助長」に向けた援助・支援が、生活保護における自立の考え方に即して実施されているかを検証する視点であるといえるでしょう。

また、生活保護実践における記録は公文書であり、①ケースワーカーの業務の報告書（復命書）、②査察指導のための資料、③ケースワーカーの援助・支援の向上に役立てる資料（ケース検討を行う際の資料）としても活用されるものです。記録は、従来は手書きで記入してきましたが、近年生活保護の分野では、記録は電子化され、コンピューターのシステム上で記入、管理したりする場合もあります。いずれも高度な個人情報を記載した重要な文書として、取り扱いには留意と配慮が必要です。

2．援助・支援に生かせる記録を書くために

◆記録を書くうえでの基本姿勢

記録を書くうえでの基本姿勢としては、以下のようなことがあげられます。

①丁寧に、わかりやすく記述すること。

②ケースワーカーの主観ではなく客観的な事実に基づき記述されること。

③時間をおかずに、できるだけ早くまとめること。

④５Ｗ１Ｈ（いつ、どこで、誰が、何を、なぜ、どのように）を明示すること。

ぜひ、これらの基本姿勢を意識してください。

生活保護における記録は、①保護台帳、②保護決定調書、③経過記録（面接記録・ケース記録票）によって構成されています。①②は、おおむね記録すべき内容や記録の方法が明確になっています。

しかし、③の経過記録については、書き手であるケー

スワーカーによってまとめ方が異なるのではないでしょうか。十分なオリエンテーションがなされていないと、どうしても、前任者の記録をまねて書くようになりがちです。普段は、なかなか他のケースワーカーの記録を読む機会がないかもしれませんが、職場で、同僚の記録を閲覧し合えると、そのことを通じて記録の書き方を工夫し、援助・支援のあり方を記録から学ぶことができるようになります。ぜひ、基本姿勢や後述のポイントを押さえた記録を参考にしていただきたいと思います。

◆記録をまとめるうえでのポイント

ここでは、記録を書く際に参考となるポイントを六つご紹介します。

①面接や訪問の目的を記しておくこと

ケースワーカーが世帯、あるいは関係者と面接したり、訪問したりする際には、必ず目的をもって行っておられることと思います。何のための訪問、面接なのか、策定した援助方針を意識しつつ記録しておくことによって、援助・支援はよりよいものとなっていきます。

②面接や訪問を通じて得られた情報は、項目を付けて整理して記録すること

その日に実施した面接や訪問の経過が漫然と書かれていては、あとで記録を読む際に、何がそこでのポイントであったか把握することが難しくなります。面接や訪問を通じて得られた情報は、項目ごとに整理してまとめることを心がけてください。

③保護の決定の根拠を明らかにすること（根拠となる実施要領上の通知等の記載）

一時扶助の認定、収入として認定しないものの取り扱い、世帯分離など、非定例的な対応については、ケースワーカーがその判断に至った状況を的確に記述するとともに、実施要領上の取り扱いの根拠を記入しておくことが大切です。このことが、適正な保護の実施につながっていくことと思います。

④事実とケースワーカーの所見を分けて書くこと

記録を書く場合には、把握した事実をできるだけ客観的にまとめるとともに、あわせてケースワーカーの所見を書くことも不可欠です。ケースワーカーの所見は、何が起こったかという事実に対して、どのような援助・支援・対応が必要になるかを判断し、決定していく際の重要な参考となります。ぜひ、意識して記録しておきたいことです。

記録をよりよくまとめるための六つのポイント
（チェックリスト）

□ 1. 面接や訪問の目的を書いていますか？
□ 2. 記録すべき内容を項目ごとに整理して書いていますか？
□ 3. 保護の決定の根拠を記載していますか？
□ 4. 事実とケースワーカーの所見を分けて書いていますか？
□ 5. ケースワーカーの対応、利用者の状況を具体的に書いていますか？
□ 6. 援助方針をそのつど見直し、変更した内容を記録していますか？

（筆者作成）

⑤ケースワーカーの対応・利用者の状況を具体的に記述すること

記録をまとめるときには、「説明した」「伝えた」と書くだけでなく、「何をどのように説明したか」「どのような方法で伝えたか」を、具体的に書いておくことが大切です。また、ケースワーカーが把握した利用者の状況が、より具体的、客観的に伝わるように、利用者の発言をそのまま「　」内に記述するなどの工夫も必要です。

⑥援助方針の変更を記録すること

経過記録を書く際に心がけたいのが、状況に応じて援助方針を見直し、現状に即した援助方針を策定して、記載しておくことです。このことは、援助・支援を意図的かつ効果的に実施していくためにも不可欠であるといえるでしょう。

3．記録を適切に取り扱うために

◆記録を適切に取り扱うための心がまえ

ここからは、記録を適切に取り扱うために、いくつかの場面（シーン）別に、具体的にどのような対応の工夫ができるか、ご紹介していきたいと思います。

シーン1　面接相談室にて

ケースワーカーBさんは、担当している世帯のHさんと、福祉事務所内の面接室で、面接をしています。今後の療養生活について検討するために、医師の意見書などを綴ったケースファイルを面接室に持ち込んでいます。

面接中に、ケースワーカーBさんは、緊急の用件で電話が入ったと同僚から呼び出されました。ケースファイルはどのようにしたらよいでしょうか。

このような場合、皆さまはどのように対応されていますか。もちろん、そのまま面接室に放置したまま席をはずすということはないと思います。「ちょっと失礼します」と声をかけ、ファイルや手帳やメモ類を持って移動されていることでしょう。

今般、ケース記録は開示請求がなされることもあり、要保護者本人への開示を前提として記載されていることと思います。一方でケースファイルには、例えば「本人には知られたくない」と希望する親族の連絡先など、さまざまな情報が綴られています。本人も含めて、不用意に記録が福祉事務所以外の第三者の目にふれることのないよう、十分に注意する必要があります。

庁内や職場内でファイルを持ち歩く際にも、表紙に書かれている住所や氏名が見られないような配慮が必要です。

シーン2　本人宅でのカンファレンスで……

ケースワーカーBさんは、自宅で訪問介護を受けているIさん宅で、担当のケアマネジャー、訪問看護師、Iさんの家族とともに、カンファレンスを行うことになりました。ケースファイルは持って行くべきでしょうか。

職場の外にケースファイルを持ち出すことは、原則的には避けたいことです。ケースファイルの紛失は「うっかり」では済まない大変な事態だからです。実際には、ケースワーカーが経過記録を携帯していないと、ときに応じた情報提供ができないと感じることがあるかもしれません。しかし、ケースファイルには、その時の課題解決に必要な情報以外の保護費の支給額等の個人情報も含まれています。事前にカンファレンスでの検討課題を確認し、個人が特定されないようにポイントを資料にまとめて訪問できると安心です。

◆適切な情報共有・情報保護のために

生活保護実践では、被保護世帯や親族などの個人情報を多く取り扱っていきます。まずは、ケースワーカー自身が日頃、業務で使うメモ類などの保管にも注意していただきたいと思います。記録を電子化する場合には、不必要なデータが残らないような確認作業をし、そして、職場外のコンピューターで資料の作成をすることのないよう十分に留意してください。近年では、メールやSNSなどが、情報共有、連絡の手段として使われていますが、私的なアドレスを使っての被保護世帯に関する連絡、情報共有は、公務員の個人情報保護の観点からは適切とはいえません。
皆さまが、安全に、信頼される仕事をしていくためにも、気をつけていきたいことです。

◆まずは書いてみよう

記録を書くことはとても大変ですが、新任のケースワーカーの皆さまは、まずは気負わずに、必要だと思うことを書いてみてください。できれば、記録を書く時間を意識的に確保できるとよいと思います。また、訪問や面接のあと、早目に記録をまとめたほうが、内容も適切になります。はじめは、何がポイントかわからず膨大な記録を書いてしまいがちですが、業務に慣れるにしたがって、的確な記録を短時間に書けるようになっていきます。

メモの取り方やその取り扱い、記録を書く時間のつくり方、記録のまとめ方、そして書きやすいペンを使うなど道具の工夫まで、記録を迅速かつ的確にまとめている先輩たちの取り組みには、さまざまな工夫があるようです。ぜひ、そうした先輩たちの技も、学んでいただきたいと思います。

◆記録は援助・支援の源に

ケースワーカーの皆さまが苦労しながらまとめる記録は、利用者へのよりよい援助・支援のために不可欠な情報の源となります。利用者の状況や支援のプロセスが生き生き伝わる記録が書ける「記録の名手」をめざしてください。

Aさんからのメッセージ
やっぱり、記録を書くことは苦手だけれど、六つのポイント、一つずつでも、取り組んでみようと思います。いろんな先輩の技も盗んでいきたいです。

ステップ6　自立支援とは何か

新人ケースワーカーAさんのつぶやき　その⑥

私の勤務する福祉事務所には、自立支援プログラムが四種類ほどあります。でも、まだなかなか自分から利用者に積極的に紹介できていないように思います。

正直なところ、わかっているようで、よくわからないのが自立支援なんですよね……。

1．生活保護における自立支援とは

◆自立支援とは何か

ケースワーカーの皆さまは、日々の業務のなかで自然に、「自立」「自立支援」「自立支援プログラム」「自立の助長」というような用語を用いて実践していることでしょう。これらはとても身近で日常的なことですが、Aさんのように、あらためて考えてみると、それらの意味がよくわからないと感じる方がいらっしゃるかもしれません。今回は、生活保護における「自立支援」について、見直していきたいと思います。

自立支援は、利用者の選択と決定に基づいて、利用者自らが自分の可能性を追求していくことを支援する相談援助活動を意味しています。ここでのポイントは、「自立支援においては利用者が主体者である」ということです。

利用者自身が自分の可能性を追求し、現在、そして未来をよりよくすることに取り組めるよう支援することは、簡単なことではないかもしれません。しかし、これこそが、生活保護実践の中核であり、「住民の幸せに貢献したい」と願う地方公務員としてのやりがいにもつながる、意義ある取り組みなのです。

◆「援助」と「支援」

生活保護実践では、「援助」という用語も用いられています。「援助」と「支援」の違いはどこにあるのでしょうか。社会福祉における「援助」は、もともと利用者本人の意思を尊重し、利用者を主体として行うことを含んだ援助者による課題解決に向けた取り組みを意味しています。平成十二（二〇〇〇）年の社会福祉基礎構造改革以降、社会福祉サービスの多くが措置から利用契約に変化し、利用者主体の相談援助活動の必要性が問われるなかで、利用者主体の考え方が強調された「支援」という用語がより多く使われるようになっています。

『生活保護手帳　別冊問答集』では、「援助方針」は実施機関の側が主体となるもの、自立支援プログラムにおける「支援方針」は要保護者が主体となるものであることと、そして、実務上「援助方針」の策定にあたっては、両者を明確に区別する必要はないと示しています（二〇二〇年版、中央法規出版、四一一頁）。

このことからも、「援助」には利用者主体の考え方が含まれていること、「支援」は利用者主体で実施されなければならないものと理解することができます。

◆「自立の助長」と「自立支援」

生活保護法第一条には、生活保護の目的として「自立の助長」が掲げられています。「自立の助長」の意味は、ともすると、「経済的な自立を促すこと」や「生活保護から脱却すること」と受け止められやすいものです。しかし、小山進次郎が『改訂増補　生活保護法の解釈と運用』（復刻版、全国社会福祉協議会、二〇〇四年、九二～九三頁）で述べているように、生活保護法制定時から、人の内在的な可能性を発見し、それを助長、育成することを通じて、その人のもつ能力にふさわしい状態で社会生活に適応することを意味すると考えられていました。

それでは、「自立の助長」と「自立支援」は、どこが違うのでしょうか。二つの関係は、「自立の助長∨自立支援」のように示すことができます。「自立の助長」は、基本的には、被保護者の意向を尊重して行われる相談援助活動です。しかし、生存権を保障する生活保護制度は、人の命を守る制度でもあります。このため、援助を望まない要保護者に積極的に介入し、利用者の意思確認ができなくても保護を開始することがあります。また、開始後には、生活保護法第二十七条に基づく「指導・指示」が行われる場合もあります。

それに対して「自立支援」は、あくまでも被保護者の選択と決定に基づく支援活動であり、そこで「指導・指示」が行われることはありません。生活保護法第二十七条の二の「相談及び助言」として実施されるものと考えられます。

2．生活保護における自立の考え方（三つの自立）

◆生活保護における自立の考え方

生活保護における自立支援は、社会福祉法第三条に示される「利用者が心身ともに健やかに育成され、または、その有する能力に応じ自立した日常生活を営めるように支援するもの」という考え方にのっとって実施されています。つまり、自立とは、他者の力を借りずに何かを行ったり生活したりすることではなく、さまざまな社会資源、人的資源を用いてそれらを実現することなのです。

ご存じのように、現在の生活保護世帯における高齢者世帯は半数を超え、まだ増加傾向にあります。また、傷病者・障害者世帯、母子世帯など、何らかの支援を要する世帯も少なくありません。「保護からの脱却」だけを自立と考えてしまうと、ケースワーカーがいくら努力しても、それが実現できる世帯は限られてしまい、ケースワーカー自身も目標が達成できず〝しんどい〟思いをすることになってしまいます。

◆生活保護における三つの自立

生活保護における自立については、平成十六（二〇〇四）年十二月に、社会保障審議会のなかに設置された「生活保護制度の在り方に関する専門委員会」がまとめた報告書において、社会福祉法第三条の基本理念を踏まえた「就労による経済的自立」「日常生活自立」「社会生活自立」という三つの自立の考え方が示されました。このことによって、自立は、一人ひとりの状況に即して、多面的にとらえることになりました。その後、「就労による経済的自立」は、就労以外の経済的自立も含めて「経済的自立」とされるようになっています。

「経済的自立」……経済的な自立。

「日常生活自立」……自分で自分の健康・生活管理を行うなど、日常生活における自立。

「社会生活自立」……社会的なつながりを回復・維持するなど、社会生活における自立。

図3　生活保護における三つの自立の関係性

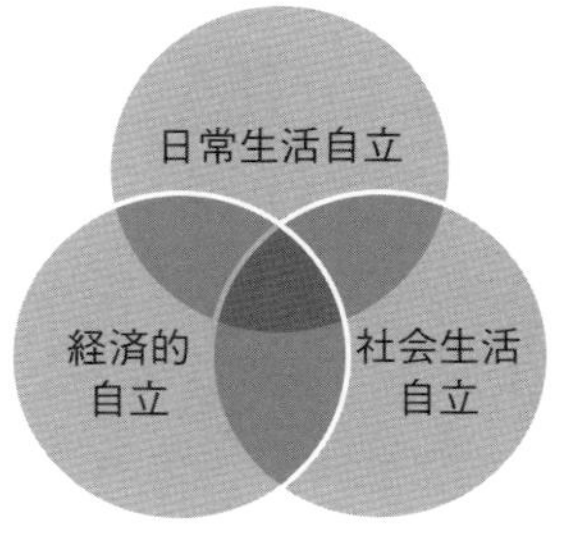

（筆者作成）

◆三つの自立の関係性

生活保護における三つの自立は、平成二十二（二〇一〇）年に「生活保護受給者の社会的な居場所づくりと新しい公共に関する研究会報告書」（厚生労働省）において、並列の関係であり、相互に関連し合っているものと示されました。図3は、それを示したものです。人が生活していくときに必要なのは、金銭ばかりではありません。住まいや健康など日常生活面での安定も不可欠です。

そして、交流したり、困ったときに助けてくれる人の存在、社会参加できる場の有無など、社会生活面の充実も大切なことです。これら三つの自立の視点から、利用者一人ひとりの自立支援のあり方を考えていくことが求められています。

3．「自立支援」と「自立支援プログラム」

◆「自立支援プログラム」とは

「自立支援プログラム」は、前述の「生活保護制度の在り方に関する専門委員会」での検討を踏まえて、平成十七（二〇〇五）年度から実施されるようになりました。最近ケースワーカーになられた皆さまにとっては当たり前かもしれませんが、現在、取り組みが始まってから十三年が経過したところです。

三つの自立の考え方を踏まえて「自立支援プログラム」が実施されるようになったことは、生活保護における大きな転換点であったといえます。

「自立支援プログラム」は、『生活保護手帳』に掲載されている厚生労働省社会・援護局長通知「平成十七年度における自立支援プログラムの基本方針について」（平成十七年三月三十一日社援発第０３３１００３号）でわかるように、経済的な給付に加え、組織的に被保護者の自立を支援する制度に転換するため導入を推進することになったものです。担当職員個々の努力や経験に頼らず、実施機関が管内の被保護者全体の状況を把握したうえで、被保護者の状況や自立阻害要因について類型化を図り、それぞれの類型ごとに取り組むべき自立支援の具体的内容および実施手順を定め、個々の被保護者に必要な支援を組織的に実施するのが「自立支援プログラム」です。

各福祉事務所で、就労支援、子どもの学習支援、多重債務の債権整理支援、退院支援、健康管理支援など、さまざまなプログラムが実施されていますが、ここで注意したいのは、「自立支援」は「自立支援プログラム」に参加している人だけに行われるものではないということです。プログラムの有無にかかわらず、被保護者に対しては、「自立の助長」の考え方を踏まえて、被保護者の選択と決定に基づく自立支援を行っていく必要があります。

◆「自立支援プログラム」をよりよく活用するために

最後に「自立支援プログラム」をよりよく活用するためのポイントを、以下に二つご紹介します。

①プログラム内容を知ること

まずは、自分の福祉事務所で実施されている「自立支援プログラム」の内容を知っておくことが大切です。例えば、就労支援員、教育支援員など、福祉事務所に支援の専門職を雇用して実施しているプログラムがあれば、ぜひ、そうした支援を担う方がたに、支援の実際の内容や支援を受けるうえでの留意点などを、事前に直接確認してみてください。

また、社会福祉法人、ＮＰＯ法人、企業などに委託して実施しているプログラムについては、できれば、利用者と一緒にプログラムに参加してみるなど、委託したプログラムの内容を具体的に理解できる機会を最初につくっておくと、利用者の参加状況を把握したり、新たに参加を検討する被保護者に的確なアドバイスをしたりすることの助けになります。

②参加した「結果」だけでなく、「プロセス」を把握すること

担当世帯が「自立支援プログラム」に参加した場合、どうしても、その後の支援は支援担当者に委ねてしまいがちです。そして、取り組みの「結果」については報告を受けるものの、参加の「プロセス」における利用者の取り組み状況や変化については、把握できずにいたり、記録に残さずにいることも少なくありません。目標が達成できた、できなかったという結果のみならず、「プロセス」における利用者の「変化」こそ、次の支援に向けての「宝」となる重要な情報です。生活保護の自立支援は「三つの自立」をよりよく果たすために実施されています。

プログラムによる支援が、利用者の三つの自立の向上にどのような影響を与えたかをとらえることは、支援の成果を「結果」のみならず多面的に評価していくことにもつながります。

ぜひ、支援担当者や利用者から、取り組みの状況やそこでのさまざまな変化について聞き取り、記録に残し、その後の支援に生かしてください。

◆「自立支援プログラム」を見直す

皆さまの職場では、「プログラムはあるが活用できていない」「プログラムの活用が負担になる」というような状況が生まれていないでしょうか。プログラムは、管内の被保護者の状況に即して策定し、利用者、そしてケースワーカー双方にとって実りあるものとして整備する必要があります。利用者の実情を把握しているケースワーカーの「声」や「実感」をもとに、組織的にプログラムを見直すことも大事なことです。

◆参加を促す働きかけも大切

自立支援プログラムを魅力的なものにすることと同時に心がけたいのは、ケースワーカーから、利用者に参加を促す働きかけをしていくことです。自立支援プログラムは、利用者にとって、新たな選択肢であり、最初は参加することに不安をもつこともあるでしょう。そのような時には、ケースワーカーが同行してプログラムの見学をしたり、「参加者の声や感想」を紹介するなどして、利用者の不安をできるだけ取り除くサポートを心がけてみてください。こうした働きかけが、利用者に得がたい出会いや経験をもたらす機会をつくります。

◆ケースワーカーだからこそできること

「自立」は、人が生きていくうえで、とても大切で、かけがえのないことです。その大切なことを、できるだけよいかたちで果たしていくことを支援するのが「自立支援」です。ケースワーカーの皆さまには、「大切なことを一緒に考え、取り組んでいく」という姿勢で、利用者一人ひとりの生活をよりよくしていくパートナーとして、ぜひ、ともに歩みをすすめていただきたいと思います。

Aさんからのメッセージ

自立支援って、奥深いものなんですね……。もっと、「三つの自立」を意識していきたいと思います。今度、私も、学習支援プログラムの「勉強会」に参加してみようかな。

ステップ7　生活保護における就労支援のポイント

新人ケースワーカーAさんのつぶやき　その⑦

さまざまな利用者への支援を行うなかで、私が一番苦手なのが、就労支援です。特に、なかなか就職できないでいる方に、どのように働きかけたらよいのか、いつも悩んでしまいます。

何かよい方法があるのかな……。

1．生活保護における就労支援

◆生活保護における就労支援の展開

日々の業務において、Aさんのように、就労支援の難しさを実感している方は、少なくないことでしょう。今回は、生活保護における就労支援の意味や意義を見直しながら、よりよい就労支援に向けたポイントを再確認していきたいと思います。

生活保護の領域では、生活保護法第四条に「能力活用」の規定があることもあり、被保護者に対する就労に向けた働きかけがなされてきました。平成十七（二〇〇五）年度に自立支援プログラムが策定されるようになってからは、ケースワーカーのみがその役割を担うのではなく、ハローワーク、就労支援員、民間団体等との連携・協働による多様な就労支援が展開されています。

平成二十五（二〇一三）年十二月に生活保護法の一部が改正され、平成二十六（二〇一四）年七月に「就労自立給付金」制度、平成二十七（二〇一五）年四月には「被保護者就労支援事業」が創設されるなど、生活保護における就労に向けた取り組みの充実が図られています。

◆就労支援とは何か

生活保護における就労支援は、被保護者が、「働くこと」を通して三つの自立（経済的自立・日常生活自立・社会生活自立）がよりよく果たせるよう支援していくことと考えることができます。就労支援は就職支援ではないということがポイントです。

「生活保護受給者の社会的な居場所づくりと新しい公共に関する研究会報告書」（厚生労働省社会・援護局保護課　平成二十二（二〇一〇）年）では、三つの自立は並列であり、お互いに関連し合っていることが示されましたが、就労（働くこと）はまさに、単に収入を得るばかりでなく、日々の生活を活性化させ、社会とつながることのできる大切な営みであるといえます。

また、同報告書では、「多様な働き方」があることも明示し、「有給労働（ペイドワーク）」のみならず、就労体験やボランティアなどを通して社会参加を図るとともに、自尊感情を高める機会ともなる「無給労働（アンペイドワーク）」の双方に意義があるとしています。

◆これからの就労支援

平成二十七（二〇一五）年四月から実施されている「被保護者就労準備支援事業」は、三つの自立をめざした支援を総合的、段階的に実施していくものです。

また、「被保護者就労支援事業」では、地域ごとに就労支援連携体制を構築し、福祉事務所を設置する都道府県、市区町村とハローワーク等の行政機関、社会福祉法人、特定非営利活動法人、関係団体、企業などが連携し、個々の状況に応じた就労、中間的就労、就労体験、居場所等の場を開拓することをめざしています。

現在の雇用環境においては、複合的な課題をかかえていたり、長らく働くことから遠ざかっていた被保護者が、すぐに安定的な職を得ることが難しい状況もあります。被保護者個人に対する支援の一層の充実を図るとともに、今後は、個々の被保護者が、それぞれに合った働き方で社会参加や自己実現ができるよう、地域資源の開拓など、いわゆる「出口づくり」を行い、地域の雇用環境を豊かにしていくことが期待されています。このことは、生活保護だけでなく生活困窮者自立支援法に基づく取り組みと一体的に実施していくことが有効であると考えられます。

◆深化する就労支援

就労支援は、どんどん深化しています。最近では、就労に向けて本人に変化を促すのではなく、本人と企業、それぞれの持ち味を考慮したマッチングをしたり、本人が働きやすい環境を整えることで、長く就労が続けられるような就労支援（本人と企業への支援）が行われるようになっています。企業と連携して、多様な人材が活躍できるようにていねいな就労支援を行うことは、利用者だけでなく、企業や社会にとっても大切なことなのです。

2. 就労支援をよりよいものにするために

◆就労支援に役立つ八つのポイント

以下は、就労支援に役立つ八つのポイントです。これは、平成二十二（二〇一〇）年に、当時の京都府山城北保健所福祉室で就労支援を中心とした自立支援に先進的に取り組んでおられた生活保護担当職員の方がたと、「生活保護相談援助研究チーム（岡部卓・根本久仁子・新保美香）」が共同研究を実施し、支援者、当事者のインタビューに基づいてまとめた「自立支援の八つのポイント」を、就労支援に役立つものとして整理し紹介したものです（出典：自立支援共同研究チーム編『自立支援ハンドブック』二〇一〇年）。

就労支援に役立つ八つのポイント

1. 希望を尊重した支援
まず、利用者本人の希望（意向）を大切にします。
2. 共感に基づく支援
利用者をほめ、苦労をねぎらい、利用者の気持ちに寄り添うことを心がけます。
3. ともに動く支援
利用者と一緒に動き、一緒に考えます。
4. 将来をみすえた支援
今だけでなく五年後、十年後をみすえて支援します。
5. 責めない支援
利用者がどのような状況であっても責めません。
6. 途切れない支援
支援を途切れさせることなく、利用者の気持ちや状況を把握し、次につなげます。
7. 利用者の力を引き出す支援
利用者の「できている（きた）」ところ「がんばっている（きた）」ところに着目します。
8. 組織的な支援
担当者が一人で抱え込まず、組織で支援のプロセスを共有しながらチームで支援します。

※自立支援共同研究チーム編『自立支援ハンドブック』二〇一〇年の内容をもとに、筆者作成。

◆利用者に寄り添う支援の重要性

八つのポイントは、利用者に寄り添う支援の姿勢を伝えています。利用者の希望を尊重したり、利用者とともに動いたりしていくことは、一見「遠回り」に見えます。しかし、多くの利用者が、自分自身が否定されずに受け止められ、支援者が見守る安心感のなかで経験を重ねるうちに自信を取り戻し、その結果として目標を達成しています。このことは、ほかの自治体の先進的な就労支援の取り組みのなかからも、把握されていることです。

また、八つのポイントのなかで大切なことは、ケースワーカー一人がかかえ込まない「組織的な支援」を行うことです。ぜひ、就労支援員を含む職場内での協力体制を図るとともに、就労支援を担うハローワークや民間団体等と顔の見える関係を構築し、ケースワーカーも含めて、支援にかかわる人全員が利用者の応援団となっていただきたいと思います。

3．就労支援の充実に向けて

◆就労支援における対応の工夫

ここからは、いくつかの場面（シーン）別に、就労支援に際して八つのポイントを踏まえて具体的にどのような対応の工夫ができるか、ご紹介します。

シーン1　職種にこだわりがあるJさんの場合

ケースワーカーBさんが担当するJさんは、三十代男性。三か月前に生活保護が開始されました。本人の希望もあり、「自立活動確認書」に基づき、まずは本人自身で求職活動に取り組んでもらいましたが、まだ就職先が見つけられない状況です。Jさんは、パソコンを使った仕事以外はできないと、ほかの職種の求職活動には消極的です。どのように働きかけたらよいでしょうか。

Jさんのように稼働年齢層にあり、就労に向けた阻害要因がない場合に、ケースワーカーとしては、できるだけ早く職種を選ばず、何らかの職に就いてほしいと願うかもしれません。このようなときには、八つのポイントにもあるように、まずは、本人の希望（意向）を尊重することが大切です。そして「パソコンを使った仕事には自信があること」「やりたいことが明確である」という、Jさん本人の強みに着目します。

可能であれば、まずはBさんが、「ぜひ、Jさんが望むような仕事に就けるよう応援したいので、今度一緒にハローワークに同行させてください」というような、共に動く支援をしていきます。そのプロセスで、Jさんが望むような求人がないことなどを一緒に確認しながら、Jさんのこれまでの努力や、希望の職種に就けないやるせなさなどを共有します。

そのうえで、将来のJさんの生活を考えたときに、いま何をすることが次につながるステップになるか検討し、ほかの選択肢をJさんが考えられるよう提案していくことが望まれます。

Bさん一人でそのような対応をすることが難しい場合には、生活保護受給者等就労自立促進事業や被保護者就労支援事業の利用をすすめることもできますが、いずれにしても、Jさんの希望を否定せず、「パソコン」にこだわるJさんの想いやその背景を理解することが、支援をすすめるうえで大事です。

シーン2　面接のキャンセルが続いているKさんの場合

Kさんは、四十代の母子世帯の母親です。離婚後、四か月前から二人の子どもとともに生活保護を受給しています。

子どもと三人での生活が落ち着いてきたため、ケースワーカーBさんは、就労に向けて検討することを促し、Kさんと所内面接の約束をしていました。ところが約束の当日になると、「子どもの学校の用事が入った」「体調が悪い」「子どもが熱を出した」などの理由で、キャンセルの電話が入ります。それももう四回めとなりました。

今後、どのように対応したらよいでしょうか。

Kさんのように、面接の約束のキャンセルが続く利用者に対しては、それがあまり度重なると、「なぜ約束が守れないのか……」と相手を責めてしまいたくなることもあるかもしれません。このような場合、約束のキャンセルは、本人の不安が表れているものと理解して、八つのポイントの、「責めない支援」の姿勢で受け止めます。

キャンセルの電話に対しては「大変ですね」「お大事にしてください」「大丈夫ですか」「大変な時に連絡をありがとうございます」というように、相手の状況に寄り添い、決して責めずに大変さをねぎらってください。きちんと連絡してくれることは、Kさんの強みでもあります。

ここでの留意点は、そこで終わらせず、「途切れない支援」をしていくことです。電話の最後には、「次はいつお会いできますか」と、必ず次回の約束をします。ケースワーカーが、どのような状況にあっても責めない人であることが実感できると、Kさんの不安も解消し、やがてキャンセルしないで面接に訪れてくれるようになることと思います。この場合も、Kさんの行動の背景にある不安やさまざまな想いの理解からはじめることが支援の鍵となります。

母子世帯の場合には、子どもの養育などの現状を踏まえて、就労について検討する必要があります。また、子どもも含めた世帯の五年後、十年後をみすえた支援をすることも心がけたいことです。

◆就労支援は人生支援

生活保護制度を起点に考えると、「稼働能力活用のための就労」を利用者に求めてしまうことになりがちです。もちろん、保護の実施にあたり、そのことは必要です。しかしながら、働くこと（勤労）は、日本国憲法第二十七条に「勤労は権利であって義務である」と規定されているように、権利の側面をもっています。就労支援が必要となる利用者は、自分らしく安定的に働きたいという願いや希望が叶わず、働くことの辛い側面ばかりを味わってきた方かもしれません。生活保護における就労支援は、誰にも等しく大切な就労をできるだけよりよいかたちで実現することを応援する取り組みです。ケースワーカーの皆さまには、そのことを忘れずにいていただきたいと思います。

「やってみたいことはないですか」「〇〇さんを必要としている場所があります」というような働きかけが、一歩踏み出すことに不安をかかえる利用者に、就労を自分のこととして考えるきっかけをつくることもあります。就労支援は人生支援ともいわれます。

利用者一人ひとりを起点とした就労支援で、ぜひ、利用者の人生が豊かになるチャンスをたくさん生み出してください。

Aさんからのメッセージ

就労支援は、私にとっては、まだまだ難しいことのように感じます。

まずは、ひとりでかかえ込まず、就労支援員さんに相談したりしながら、「働く」ということに、私も向き合ってみようと思います。

ステップ8　子どものいる世帯への支援を考える

新人ケースワーカーAさんのつぶやき　その⑧

ケースワーカーになってから、一番気になっているのが、担当世帯の子どもたちのことです。

子どもたちとは直接会えないことも多く、これから実際にどんなふうにかかわっていけるか、いろいろ考えているところです。

1．子どものいる世帯への支援の意義

◆子どものいる世帯への支援の重要性

ケースワーカーの皆さまはそれぞれ、担当世帯の子どもたちと、どのようにかかわっていますか。Aさんがつぶやいているように、子どもたちは、日中は学校に行っていたり、訪問しても別室にいたりして、直接話をすることが難しいと感じる場合が少なくないかもしれません。

ケースワーカーは子どもと家族の状況を理解し、子どもが健康で自分らしく成長していくための環境を整える支援を行うことができる大切な存在です。ともすると、子どもの状況は親を通じて把握することになりがちですが、本来は、子どもたち一人ひとりが、ケースワーカーがかかわるべき支援の対象者なのです。子どもたちの将来を考え、一人ひとりに合った早期的な支援を行う必要性が強調されるなかで、Aさんのように担当世帯の子どもたちに想いを寄せることは、その第一歩となる大事な姿勢です。今回は、被保護世帯の子どもや親にどのようにかかわることができるか、そのための心構えなどを一緒に見直していきたいと思います。

◆生活保護における子どものいる世帯への支援の展開

平成二十五（二〇一三）年六月に「子どもの貧困対策の推進に関する法律」が制定され、子どもの将来が生まれ育った環境に左右されたり、貧困が世代を超えて連鎖することのないよう、環境整備と教育の機会均等を図るための対策が推進されることになりました。しかしながら、生活保護の領域では、かねてより同様の問題意識をもち、さまざまな取り組みが行われています。古くは一九八〇年代後半に、東京都江戸川区で学習支援の先駆けといえる勉強会が行われていたり、いくつかの自治体では、職員が被保護世帯の子どもを対象とした夏のキャンプを実施するなど、独自の取り組みが展開されていました。

平成十七（二〇〇五）年度に自立支援プログラムが始まってからは、子どもの学習支援をはじめとする子どもへの支援プログラムが組織的に実施されるようになりました。当初は、高校進学をめざす中学三年生を対象とした学習支援が多く行われていましたが、その後、対象が中学生から小学生へと広がる傾向がみられます。また、高校進学後の修学継続支援などのアフターフォローも行われるようになりました。

学習面のみならず、「子ども支援員」など子どもと家族の支援を行う専門職を活用するプログラムや、不登校やひきこもりの子どもを対象とした支援を実施している自治体もあります。

◆子どもの「居場所づくり」の重要性

前掲の子どもの学習支援の取り組みは、平成二十七（二〇一五）年度から、生活困窮者自立支援法における任意事業として位置づけられ、生活保護世帯と生活困窮者世帯の子どもに対する支援を一体的に行うことができるようになりました。これが「子どもの権利擁護の観点から、その最善の利益を図る」事業とされていることにも着目したいと思います。

平成三十（二〇一八）年の法改正では、「子どもの学習・生活支援事業」と名称が変更され、子どもや保護者の生活面や育成環境、子どもの進路選択や就労等を考慮した支援も可能となりました。

学習支援は、単に学力を身につけたり、進学を実現するためだけに実施されてきたわけではありません。学習支援の場は、多様な大人と出会うなかで社会性を育み、ありのままでいられる「社会的な居場所」として、子どもの自尊感情を高めることにも有効であると考えられてきました。

一つの社会資源として、学習支援の場は大切ですが、それだけがすべてではないことも心にとめておきたいことです。

ケースワーカーの皆さまには、被保護世帯の子どもたちが「ありのままでいられる居場所」をもっているかどうかという視点をもち、子どもの状況を把握するとともに、居場所が必要な子どもたちのために、地域の中にある、子どもにとって居場所となる社会資源を数多く見出し、連携していただきたいと思います。

2. 子どものいる世帯への支援をよりよいものにするために

◆子どものいる世帯への支援に役立つ四つのポイント

ここで、子どものいる世帯への支援に役立つ四つのポイントを、ご紹介します。

第一は、親の想いを受け止めることです。子育ては、誰もが当たり前のように行うものと考えがちですが、実際には、大きな労力を要する営みであり、悩みが尽きないものです。子育て支援は、児童福祉における重点的な取り組みにもなっています。生活保護世帯の場合、親が疾病をかかえていたり、ひとり親であったり、親族からのサポートが得られないなど、子育てに不安がある場合が少なくありません。まずは、子育てや子どもに対する親の想いを受け止めることからスタートしたいものです。

子どものいる世帯への支援に役立つ四つのポイント

1. 親の想いを受け止める
2. 子どもの声を聴く
3. 将来を考える機会をつくる
4. ケースワーカーが一人でかかえない

（筆者作成）

第二は、子どもの声を聴くことです。できるだけ子どもと直接会って、子どもの様子を把握し、子どもの声を聴くことを心がけていきたいものです。学齢期前の子どもであれば、好きなものや遊びは何か、学齢期の子どもであれば、学校や学習の様子、好きなことや打ち込んでいること、中高生には、学年にかかわらず、将来の夢や進路を聴いてみること、などが子どもの状況を知る糸口となります。子どもを応援し、見守っている「大人の存在」を、実感してもらうことが大切です。

第三は、将来を考える機会をつくることです。ぜひ、親の希望、子どもの希望を、それぞれから確認してもらいたいと思います。「希望を実現するために、どんな準備ができるか」を共に考えることから始めてください。中高生については、進路を検討するにあたって、「進学準備給付金」など生活保護制度の中でできること、貸付などを利用して実現させる必要があることなどを親だけでなく、子ども自身が理解できるよう、サポートしていくことが大事です。

第四は、ケースワーカーが一人でかかえないことです。被保護世帯のなかには、子どもの養育ができない状況になっていたり、子どもとの関係構築ができずにいる親もいます。また、子ども自身が学校になじめなかったり、友人関係で悩みをかかえている場合もあります。福祉事務所内で世帯の状況を共有するとともに、子どもとかかわるさまざまな支援機関との連携体制を組織的に構築し、ケースワーカーが親や子どものSOSを、専門機関に迅速につなげられるように心がけてください。

3．子どものいる世帯への支援の充実に向けて

◆子どもと親への対応の工夫

ここからは、いくつかの場面（シーン）別に、子どもと親への支援を行う際に、具体的にどのような対応の工夫ができるか、ご紹介します。

シーン1　子どもに会わせたくないと言うLさん

ケースワーカーBさんは、母子世帯の母、Lさんの子どもである中学三年生のMさんと面接し、今後の進路について直接話をしたいと思っています。しかし、Lさんは、子どもには生活保護を受けていることは話していないので、Bさんを、Mさんには絶対に会わせたくないと言っています。どのように対応したらよいでしょうか。

生活保護世帯の親のなかには、子どもに生活保護を受給していることを知られたくないと思っている方がいらっしゃいます。そのように思う背景には、生活保護受給者に対する一般社会の風当たりの強さからできるだけ子どもを守りたいと考えていたり、子どもに十分なことがしてあげられていないという負い目があったり、子どもとの関係が悪く、そもそも子どもにそうした話ができないというような、さまざまな状況があることが考えられます。

このような場合、まずは、否定せずにLさんの発言を受け止め、子どもに話したくないと思うLさんの想いや状況に近づいていただきたいと思います。そのうえで、「子どもの将来は、できるだけ子ども自身が自分のこととして考える」ことが必要であること、そして、「ケー

スワーカーは、子どもの将来を応援していく存在である」ことを、繰り返し伝えていただくことが一つのアプローチとなります。

親子の関係の構築、修復が必要な場合には、無理に子どもと会ったり、介入したりしようとせずに、子どもが信頼し、将来の相談ができる存在の有無を確認しながら、誰が子どもにかかわることが適切かを検討することが必要となります。

できるだけ、生活保護が開始される段階で、子どもにも生活保護を利用することの理解をしてもらえるように、親と子どもに働きかけておくことが、ケースワーカーが子どもとかかわりやすくなる状況をつくる一助となります。

シーン2　未申告の収入が見つかった高校生のNさん

Nさんは高校二年生。疾病をかかえながらパート就労している母と、中学生の妹との三人世帯であり、生活保護を受給して四年になります。

最近の課税調査で、Nさんの未申告のアルバイト収入が見つかり、高校入学後、毎月四万円前後の収入を得ていたことがわかりました。以前提出された、収入申告の義務やその取り扱いについて説明している文書には、その内容を理解したものとしてNさんのサインがされています。しかし、ケースワーカーは、高校生になったNさんには、まだ一度も会えていない状況です。これから、Nさんにどのように対応したらよいでしょうか。

このような場合に、「なぜ、働いたのに申告をしなかったのか」と、いきなりNさんに問いかけることは、絶対に避けたいことです。なぜなら、対応を誤ると「働くことは悪いこと」と感じさせてしまったり、「生活保護を受けていることはいやなこと」と否定的に受け止めさせてしまい、母や福祉事務所との関係悪化につながる可能性が高いからです。

Nさんと面接することができた場合には、まずは、ケースワーカーが、Nさん世帯の生活がよりよくなるように支援する存在であることを伝えてください。そして、高校生活のこと、アルバイトのことなど、Nさんの状況を確認します。

アルバイトを始めたきっかけや、仕事の内容、収入の状況などを聞き取り、「高校生活を送りながらアルバイトをされて、よくがんばりましたね」などと、働いたことについて、必ず肯定的に受け止めていただきたいと思います。

子どもの場合、仮に書面による確認をとっていたとしても、内容をよく理解しないままにサインしてしまっているというようなこともあります。働くことは大切なことであること、申告をすれば控除があったり、条件が整えば、技能修得や進学のための費用を収入認定から除外できることなどをNさんがわかるように説明する必要があります。

未申告の収入に関しては、本人の十分な理解が得られるような、無理のない、配慮ある対応が、子どもがこの経験を、前向きに今後に生かすことを可能にします。

この場合も、シーン1と同様に、できるだけ早い段階で、親と子どもに制度の理解に向けた働きかけをしておくことが、このような状況を回避する方法として有効です。

◆子どもの幸せを考える支援者に

最後に、子どものいる世帯への支援の目的は、貧困の連鎖の解消ではなく、子どもたち一人ひとりの幸せの実現であることを、読者の皆さまとともに確認したいと思います。ぜひ、皆さまは、子ども、そして親を大切にした支援の姿勢で、子どもの未来をひらく支援者であってください。

Aさんからのメッセージ

子どものことだけでなく、親の状況も理解しながら、子どもに寄り添えるケースワーカーになっていきたいと思います。

一人でかかえ込まないように気をつけます。

ステップ9　アセスメントとプランニングの力を培うために

新人ケースワーカーAさんのつぶやき　その⑨

最近悩んでいるのが、援助方針をどのようにたてたらよいのかということです。方針をたてても、なかなかそのとおりにすすんでいないことが多いことも気になっています。

何かいい方法があるのでしょうか。

1．アセスメントとプランニング

◆大切なアセスメントとプランニング

アセスメントとプランニングは、生活保護の相談援助活動における重要な局面です。皆さまには、アセスメント、プランニングとカタカナで表現されても、ピンとこないかもしれませんが、ここでそれぞれの内容を確認してみましょう。

アセスメントは「見立て」とも言われており、「援助計画（援助方針・支援方針）を樹立する前の段階で、必要な情報収集を行い、利用者個々の自立に向けた課題分析を行い、解決の方向性を見定めること」を意味します。皆さまは、普段、面接や訪問調査等を通じて、情報収集を行っていると思います。

プランニングは、「アセスメントの結果を踏まえて具体的な援助計画を策定する段階」をさしており、生活保護実践では、Aさんが苦心されている援助方針（支援方針）を立てることがそれにあたります。

アセスメントもプランニングも、保護の開始、実施

（援助・支援）のプロセスで、利用者の状況や変化に応じて、繰り返し、何度も行っていく必要があります。

◆何のためのアセスメントか

アセスメントには、次のような二つの目的があります。

第一は、利用者本人の生活や人生をよりよくしていくためです。生活保護の要否を検討したり、実施方法を検討するためだけのアセスメントではないということを心にとめておいてください。

第二は、生活保護法第一条にある生活保護の目的を果たすためです。生活保護の目的は、「健康で文化的な最低限度の生活の保障」と「自立の助長」です。この二つをめざした援助計画を策定するためのアセスメントであることを、忘れずにいてください。

生活保護法（特に第四条）を意識しすぎてアセスメントをはじめると、本来把握すべき情報を収集できないまま、解決すべき課題を見誤る可能性があります。

ケースワーカーの役割は「生活保護をいかに適用するか」を判断することにとどまらず、利用者個々の生活の安定に向けて、「いかに生活保護制度やそれ以外の制度、資源を活用して、利用者自身に課題解決に向けた力を発揮していただくか」を検討することなのです。

◆何をアセスメントするのか

アセスメントは、一般的に、「健康・住まい・生活状況・家族関係・教育・就労・資産の状況・社会参加・本人のもつ能力・活用している制度や社会資源」などに着目して行われていると思います。それ以外には、生活保護の三つの自立（経済的自立・日常生活自立・社会生活自立）、「過去・現在・未来」、本人の「ストレングス」に着目する視点などがあります。

確認していただきたいのは、「利用者本人を支えているものや人」の有無です。利用者に限らず、私たちの生活を支えているのは、住居、就労、金銭ばかりではありません。「人とのつながり」「趣味や楽しみ」など大事にしていることや、「目標」「希望」が、日々を充実させたり、さまざまな困難を乗り越える力になっているのです。ケースワーカーは、住民が「よりよく生きる」ことを支えていることを忘れずにいてください。

2. アセスメント・プランニングに必要な視点

◆本人から見えている世界を理解する

アセスメント・プランニングをよりよく行うために大切なことは、本人から見えている世界を理解することです。

図4　本人から見えている世界を理解する

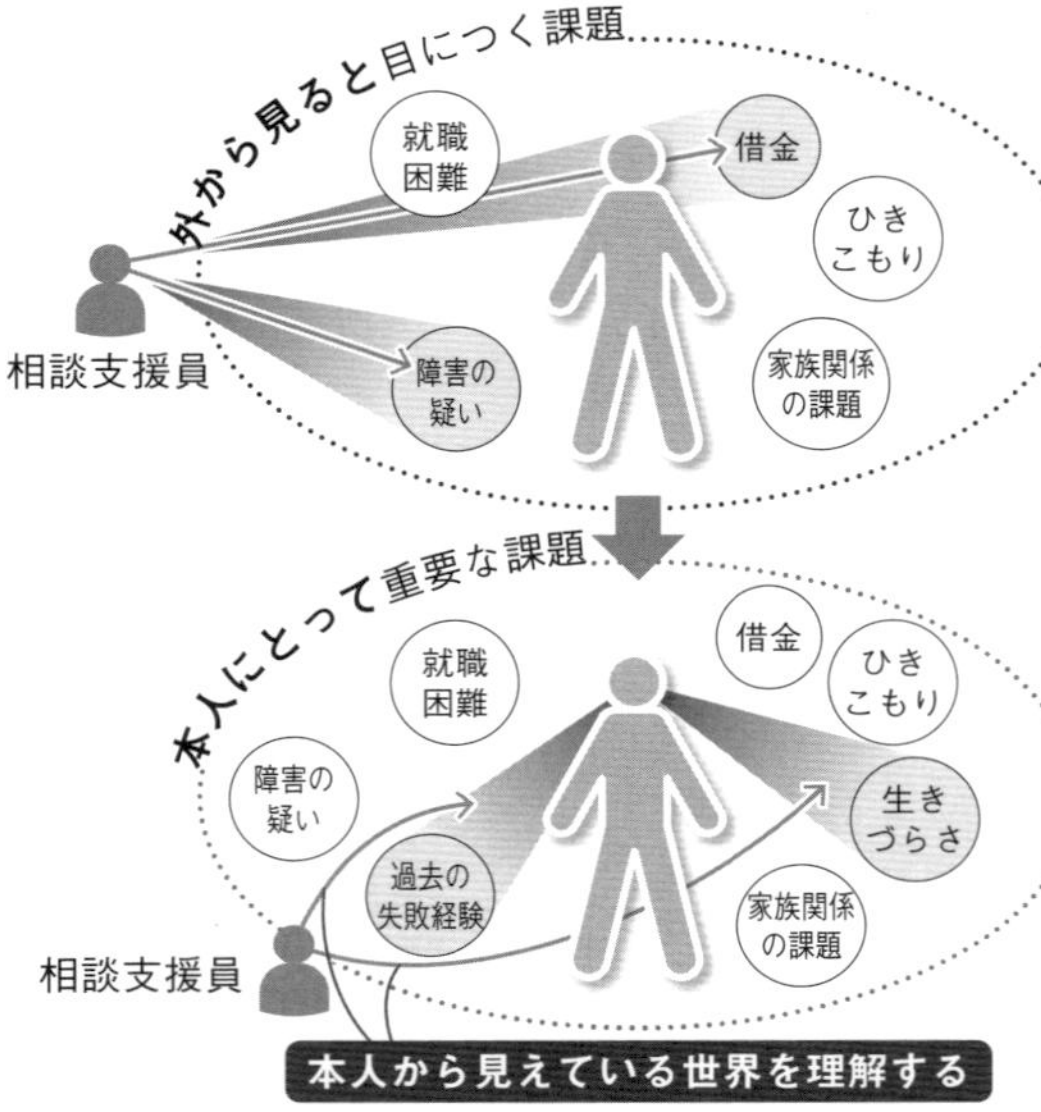

出典：「自立相談支援における事例の捉え方と支援のあり方」『生活困窮者自立支援制度の自立相談支援機関における帳票類の標準化等に関する調査研究報告書』みずほ情報総研、2016年、3頁。

図4の上の囲みのように、支援者はともすると、外から見ると目につく課題に着目して、その解決をはかるための援助方針を支援者の目線でたててしまいがちです。例えば、図4でいえば、「借金の解決（債務整理）」「障害認定の検討」というようなかたちになります。

一方で、下の囲みにあるように、本人にとって重要な課題は、「過去の失敗経験」や「生きづらさ」であったりします。つまり、支援者が一方的に、支援者側から見た課題の解決をすべく援助方針をたてても、本人の課題（困りごと、悩み）は別のところにあるため、本人自身が課題解決に取り組むことは難しく、また、援助方針も実効性のないものになってしまうということなのです。

◆本人を取り巻く環境や社会への着目

本人から見えている世界を理解することと同時に大切なことは、本人を取り巻く環境や社会の状況に着目することです。

図5は「生活困窮の氷山モデル」です。「氷山の一角」という言葉が示すように、水面上に見える氷山は、その一部にすぎません。図5では、外から見えている「困りごと」として「ホームレス」「リストラ」「孤立」等というような状況があります。支援者は、「ホームレスで働

図5　生活困窮の氷山モデル

【生活困窮の氷山モデル】case7-2：「こんなはずではなかったのに…」

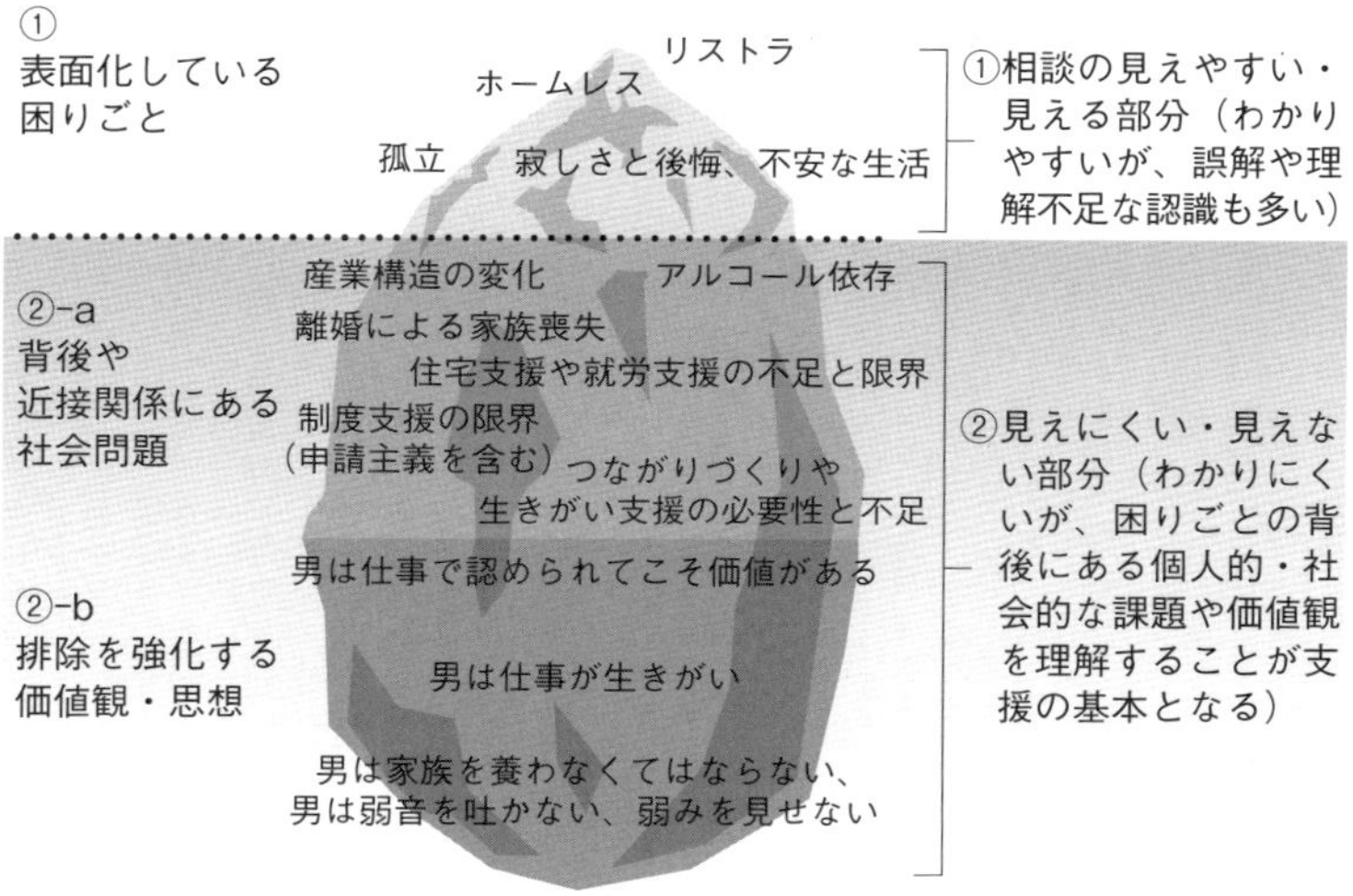
①
表面化している
困りごと
リストラ
ホームレス
孤立
寂しさと後悔、不安な生活
①相談の見えやすい・見える部分（わかりやすいが、誤解や理解不足な認識も多い）
②-a
背後や
近接関係にある
社会問題
産業構造の変化
アルコール依存
離婚による家族喪失
住宅支援や就労支援の不足と限界
制度支援の限界
（申請主義を含む）
つながりづくりや
生きがい支援の必要性と不足
②-b
排除を強化する
価値観・思想
男は仕事で認められてこそ価値がある
男は仕事が生きがい
男は家族を養わなくてはならない、
男は弱音を吐かない、弱みを見せない
②見えにくい・見えない部分（わかりにくいが、困りごとの背後にある個人的・社会的な課題や価値観を理解することが支援の基本となる）

出典：一般社団法人社会的包摂サポートセンター編『相談支援員必携　事例でみる生活困窮者』中央法規出版、2015年、89頁。

いていないので、就労支援と住居設定をする」というような援助方針をたてるかもしれません。

しかし、本人がホームレス状態になった背景にアルコール依存のような疾病（障害）があるときに、その解決がはかれないまま就職しても、再び仕事や住まいを失ってしまう可能性があります。また、産業構造の変化で、本人が長年従事してきた職種での就職が難しい場合に、とりあえず就職できるところへの就労をすすめても、仕事が長続きしないことは想像に難くありません。まずは、②－aにあるような、表面化している「困りごと（課題）」の背後にある、個人的・社会的な課題の理解に努めることが大切です。

また、表面化している「困りごと（課題）」の背景には、②－bのような「排除を強化する価値観・思想」もあり、影響を与えています。見えにくい部分ですが、利用者の困りごとの背景にあるものへの理解を深め、アセスメント・プランニングしていくことで、支援はよりよいものになっていきます。そして、利用者の課題を解決するばかりでなく、排除を強化する価値観・思想を変えていくことにもつながっていくことと思います。

3. よりよいアセスメント・プランニングのために

◆アセスメント・プランニングのポイント

よりよいかたちでアセスメント、プランニングを行うためには、次の三つのポイントがあります。

第一は、利用者との信頼関係の構築です。利用者との間に基本的な信頼関係が構築されていなければ、本人のリアルな状況、思い、考えを把握することが難しくなります。しかしながら、生活保護実践では金銭等の給付決定を伴うことから、一般的な相談における信頼関係の構築よりもはるかに難しいものです。「本人の尊厳の尊重」「制度やケースワーカーの役割への理解」がはじめの一歩になると思います。

第二は、利用者とともにアセスメント・プランニングを行うことです。アセスメントとそれにつらなるプランニング（援助方針の樹立）は、原則として利用者とともに行うことが大切です。これは、実施要領に書かれていることでもあります。課題解決に取り組むのは利用者本人です。アセスメントもプランニングも、利用者自身の理解と同意のもとで実施することが、支援を実りあるものにするための鍵となります。

また、プランをできるだけ利用者と共有することも忘れずにいてください。

第三は、援助方針は、長期、中期、短期で検討することが有効です。利用者自身が実行できる「小さな目標（スモールステップ）」を積み重ねていくことは、中長期的な目標の達成に結びついていくばかりでなく、利用者本人の自信や自尊感情を高めていくことにもつながってきます。

◆いくつかのヒント

さいごに、アセスメント・プランニングのためのヒントを、四点紹介します。

第一は、ケースワーカー一人でアセスメント・プラニングしなくてもよいということです。「どうしたらよいのか」と悩んだときには、カンファレンスなどの機会を活用して、助言を受けながらアセスメントしてください。

第二は、家庭訪問や通院同行など「生活場面面接」の機会を生かすことです。面接室での面接だけでなく、利用者とともに動くと見えてくることがたくさんあります。

第三は、すぐに把握できないことがあると心得ることです。援助が必要な世帯ほど、本人の想いを直接聴くことができるまでに、時間がかかります。焦らずに、対応のプロセスを記録に残し、チームでのアプローチを心がけてください。
第四は、ストレングス視点（本人の強み、力、いいところを見る点）を忘れないことです。本人のストレングスを大切にする姿勢は、本人との関係構築をすすめる推進力になります。また、課題解決のための大きな力となっていきます。

Aさんからのメッセージ
これまでは、表面に見えている課題をなんとかしなくては…と焦っていたかもしれません。ご本人とともに援助方針をたてること、難しいかもしれませんが、さっそく取り組んでみたいです。

ステップ10　連携・協働を見直す

新人ケースワーカーAさんのつぶやき　その⑩

仕事を通じてあらためて思うのは、医療や福祉などのたくさんの関係機関の方がたとやりとりして、仕事をしなければならないことです。
「連携は大切」と言われても、実際には、なかなか難しいことかも……と感じることがたびたびです。

1．連携・協働を見直してみよう

◆連携・協働とは何か

生活保護実践は、利用者の生活のあらゆる側面にかかわりながら行われています。このため、ケースワーカーの皆さまは庁内を含め、多くの部署、関係機関やそこに所属する人びとと連携・協働しながら、日々の業務をすすめていらっしゃることでしょう。

今回は、連携・協働の意味を再確認しながら、生活保護実践に求められる連携・協働のあり方を見直していきたいと思います。

「連携」とは「同じ目的を持つ者が、互いに連絡をとり、協力しあって物事を行うこと」（『広辞苑　第七版』岩波書店）と定義されています。「協働」は、連携が意味する連絡・協力体制よりも、一層、利用者の支援に関係する人びとが「一緒に取り組む」姿勢が強調された概念であり、そこには利用者と一緒に取り組むという意味も含まれています。

連携・協働とは、利用者が課題解決に取り組んだり、日々の生活が安心して営めるように、利用者や利用者を取り巻く環境に協力し合って働きかけていくことと考えられます。

◆連携・協働の意義と必要性

近年では、生活保護受給者への自立支援を行うにあたり、福祉・保健医療・労働・司法などの関係機関のみならず、地域にある企業、NPO法人などの民間団体、住民とも協働し、新たな福祉課題に対応していくことが求められるようになりました。

さまざまな人びととの連携・協働体制の構築は、利用者への支援を的確かつ効果的に行うことを実現するだけでなく、利用者自身が新たな人間関係を構築し、多様な考え方にふれる機会をつくるという意味でも重要です。また、利用者の課題解決のみならず、新たな支援体制の構築や、地域資源の開発・創設にもつながる大きな推進力になっていきます。

2. 連携・協働をよりよくすすめるために

◆求められる連携・協働の実践力

とはいえ、Aさんのつぶやきにもあるように、連携・協働は、言うほどに簡単なことではないと感じていらっしゃる読者は少なくないことと思います。実際に、よりよいかたちで連携・協働をしていくためには、そのための実践力も必要となります。

まずは、生活保護実践において連携・協働をすすめていく際に、基本となることを確認していきましょう。

◆連携・協働をよりよくすすめる三つのステップ

図6は、連携・協働をよりよくすすめる三つのステップを示したものです。第一のステップは、利用者を中心とした体制の構築です。連携・協働の体制をつくっていくなかで特に大切にしたいことです。利用者に対しては、できる限り支援にあたりチームでかかわることや、その際に、どのようなメンバーが連携・協働していくかを利用者自身が理解できるように説明し、同意を得ることを心がけてください。利用者の意向を尊重することなく、かかわる人びとだけで一方的に、援助や支援の方向性を決めてしまうことがないように気をつけたいものです。

第二のステップは、メンバー同士の相互理解です。特に、関係機関の方がたとは、お互いの役割や、それぞれに「できること」「できないこと」を共有しておく必要があります。こうした相互理解がない場合に、お互いに無理な対応を期待してしまったり、責任を押しつけ合っ

図6　連携・協働をよりよくすすめる三つのステップ

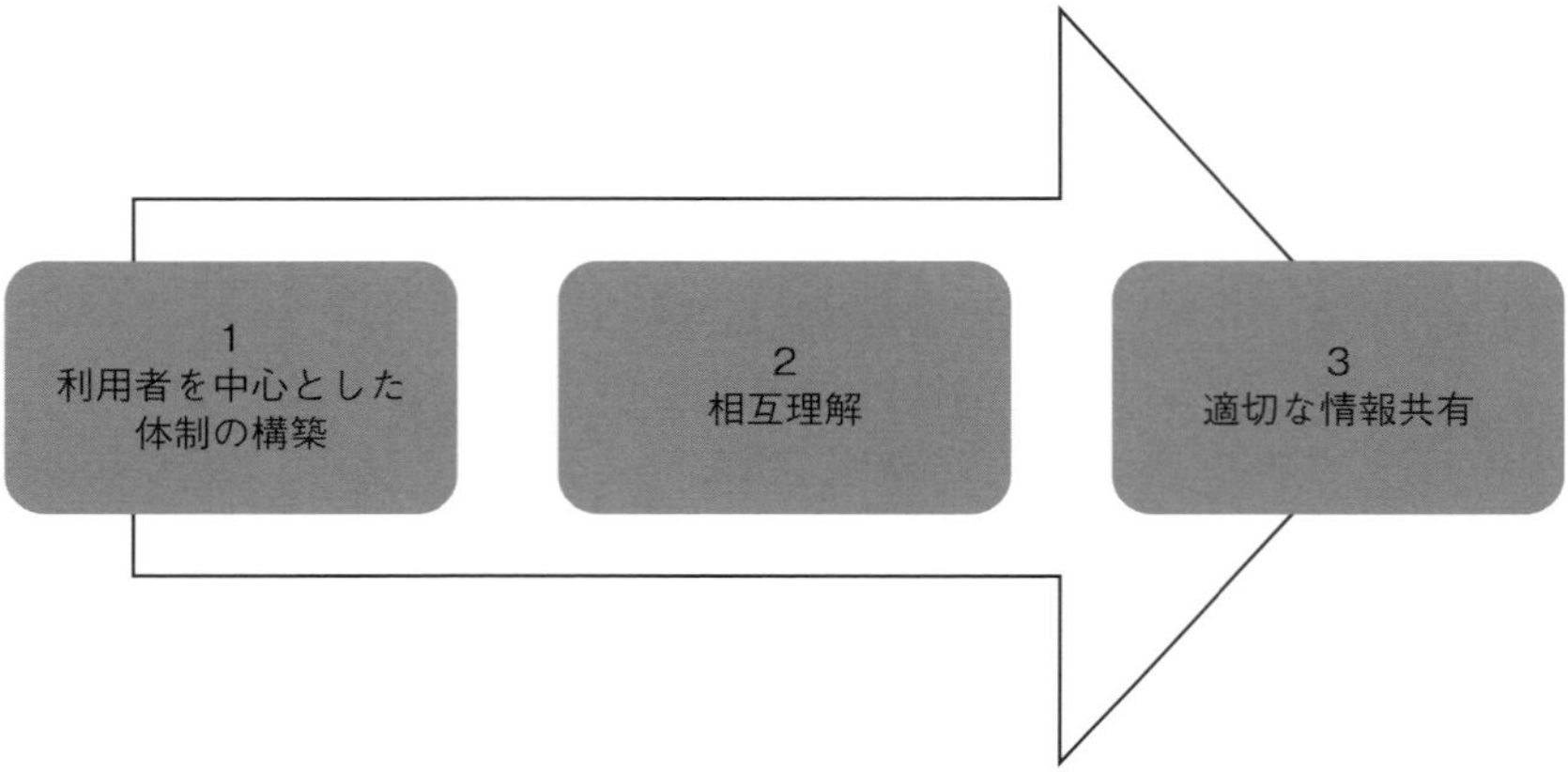

（筆者作成）

てしまったりすることが起こりやすくなります。チームで支援を行っていくような場合には、できるだけミーティングやカンファレンスなど、直接顔を合わせる機会をつくってください。そして、その際には、肩書と名前だけの紹介は避け、これまでの経験や趣味など、お互いのプロフィールやその人の持ち味が伝わるような自己紹介をすることで、それぞれがもっているものを生かした支援体制を構築していくことが可能となります。何より安心感が生まれます。ぜひお試しください。

　第三のステップは、適切な情報共有を行うことです。特にこれからの時代は、連携・協働をしていく際に、守秘義務を課されている専門職ばかりでなく、地域住民などさまざまな人がメンバーとなる可能性があります。ケースワーカーが把握している利用者の個人情報のなかには、安易に第三者に知らせてはならない情報が含まれている場合もあります。まずは、連携・協働していくメンバーを理解したうえで、共有すべき情報を適切に判断していく必要があります。

　なお、援助方針・支援方針については、援助・支援にかかわるメンバーが、常に見直し、確認しておきたい情報です。

3．さまざまな協働・連携におけるポイント

連携・協働は、職場内、庁内、関係機関、地域などさまざまなレベルで実施されるものと思います。ここでは、(1)職場内の連携・協働、(2)関係機関との連携・協働、(3)地域の方がたとの連携・協働に焦点をあてて、そこでのポイントをお伝えします。

(1)職場内の連携・協働

職場内での相互理解の必要性

連携・協働は、関係機関の人びととするもの……というイメージがあるかもしれませんが、職場内の連携・協働もよりよい援助・支援を行っていくうえでは不可欠なものです。まずは、職場内での相互理解を図っていくことが大切です。

それぞれの役割を知ることの重要性

現在の福祉事務所（保護担当課）では、所長、課長、係長、査察指導員、ケースワーカー、面接相談員、就労支援員に代表される自立支援を担う専門職員、事務職員などさまざまな業務を担う担当職員が共に働いています。皆さまの職場では、それぞれの守備範囲や業務特性などを理解し合えていますか。また、援助や支援の場面において、例えば、「ケースワーカーは厳しい役」「支援員はやさしい役」などと、役割を固定して考えてしまったりはしていないでしょうか。

それぞれの職員にそれぞれの役割があります。そのこととともに、すべての職員が住民の命と生活を支え、一人ひとりがよりよい生活が営めるようにすることを目的として組織で仕事をしている、ということを職場内では常に共有しておきたいものです。また、このことは庁内での連携・協働にも共通していえることです。

職員のもつネットワークは組織の宝

職員一人ひとりがそれぞれの経験のなかで培ってきたネットワークは、組織としての連携・協働の体制を豊かにする宝物です。

日頃から、個々のもつ経験やネットワークを共有し、連携・協働の場面に生かしていただきたいと思います。

(2)関係機関との連携・協働

顔の見える関係の構築を

関係機関やそこに所属する方がたとの連携・協働が円滑なものにできるかどうかは、前述した「相互理解」をいかに図っていくかにかかっていると言っても過言ではありません。

お互いに忙しく業務を行うなかで、ともすると、電話だけでやりとりを重ねてしまうことも少なくないことで

しょう。もし、電話だけのやりとりで「うまくいかない」と感じたときには、直接対面して、話をしてみることをおすすめします。日帰りできないような遠方でない限り、自分から依頼して訪問してみてください。この場合は、「待ちの姿勢」ではなく、積極的に出向いていくことがポイントです。

実際に、連携・協働の相手先に出向くことによって、「うまくいかない」と感じたことの背景や状況が理解できることもあります。また、電話だけでは伝えきれなかったことを直接伝えることで、相互理解がすすむものと思います。

組織的な関係構築も重要

関係機関との連携・協働については、ケースワーカー個々の努力に委ねることなく、組織的に取り組むことが、実はとても重要です。

まずは、生活保護法第二十二条に、法の実施に協力することが規定されている民生委員（民生委員・児童委員）とは、日頃から、組織的に連携・協働の関係を構築しておきたいものです。

また、日常的にやりとりをすることの多い医療機関、社会福祉施設・事業所、ハローワークなどについては、新任ケースワーカーが着任してできるだけ早い時期に、それらの場所と担当者を紹介するようなかたちでの訪問ができることが望ましく思われます。査察指導員や、先輩ケースワーカーの少しの配慮で、組織的な連携・協働の体制が構築されていくものと期待されます。

(3) 地域の方がたとの連携・協働

地域の方がたとの連携・協働における配慮

冒頭で、近年は自立支援を推進するうえで、地域にある企業、NPO法人などの民間団体、住民とも協働することが求められるようになった旨をお伝えしました。これは大切なことですが、その際に、いま一度確認したいのは、利用者が生活保護を受給していることは、ケースワーカーが守るべき個人情報であるということです。

地域の方がたと連携・協働の体制を構築していく際には、ステップ1・2・3の基本に立ち戻っていただくとともに、不必要に地域の方がたに利用者が生活保護を受給していることを明かしてしまわないように配慮したいものです。

生活保護制度の理念の周知を大切に

生活保護制度は、残念ながら制度の理念や考え方が、正しいかたちで一般市民に理解されていない状況があります。現在の生活保護法は、貧困に陥った理由を表層的にとらえることなく、無差別平等に制度の実施を通して

「健康で文化的な最低限度の生活」を保障していくことを規定しています。

　地域の方がたとの連携・協働の機会には、「保護のしおり」などを活用していただきながら、生活保護制度の正しい理念、あり方の周知に努めていただきたいと思います。

◆連携・協働は自立支援の大きな力

　自立支援をよりよく実施するには、利用者が「生活保護受給者」ではなく、「地域で生活する○○さん」として、さまざまな人との連携・協働の体制のなかで、それぞれのペースでチャレンジできる環境づくりが不可欠です。ともすると、「生活保護受給者のことはケースワーカーに」と何でも任されてしまいがちですが、利用者に「生活保護制度」「ケースワーカー」しかないという環境は望ましいものではありません。

　さまざまな方がたとの連携・協働の体制こそが、生活保護受給者の自立支援の大きな力となることも、積極的に伝えていただきたいと思います。生活保護実践を通じて培われる連携・協働の実践力は、皆さまにとっての大きな財産になります。ぜひ協力し合える仲間を増やし、ネットワークを広げていってください。

Aさんからのメッセージ

　電話だけでうまくいかないときは、こちらから出向いていくのがポイントなのですね。「急がば回れ」の発想ですね。一人で行くのは、ちょっと気が重いので、先輩に頼んで一緒に行ってもらおうかな……。

ステップ11　大切にしたいケースワーカーのセルフケア

新人ケースワーカーAさんのつぶやき　その⑪

生活保護の仕事って、あらためて難しいなあと思います。さまざまな相談に対する自分自身の対応がそれでよかったのか、家に帰ってからもいろいろ考えて悩んでしまいます。

正直、「しんどいな…」と感じることの多いこの頃です。

1. 大切にしたいケースワーカーのセルフケア

◆「悩み」「しんどさ」の背景にある業務特性

Aさんのつぶやきにあるように、生活保護実践には悩みがつきないことと思います。自宅に帰ってからもいろいろ思い悩んでしまうというAさんと同じような状況を経験されている読者も少なくないことでしょう。

ステップ1で紹介したように、生活保護実践には、「利用者の『大変さ』に寄り添う仕事」「利用者との『葛藤』が生じやすい仕事」「結果の見えにくい仕事」「ケースワーカーの判断が求められる仕事」という四つの特性があります。

こうした特性から、ケースワーカーにとっての「悩み」や「しんどさ」が生まれやすいものと考えられます。

◆セルフケアの重要性

業務上の「悩み」や「しんどさ」は、ケースワーカーにとってのストレスになる可能性があります。ストレスそのものは必ずしも悪いものではなく、適度なストレスは、何かを達成したり、成長を促したりする推進力となるものと考えられています。しかしながら、過度なストレスは、心身に不調をきたす原因となる場合もあります。

生活保護実践は、唯一無二の〝援助の道具〟であるケースワーカー自身を活用して行われます。このため、ストレスも含めた自分自身の状況を見直し、できるだけよい状態に保つようにする「セルフケア」を意識して行っていくことが大切です。

ここでは、セルフケアがどのように実施できるか、一緒に考えていきたいと思います。

2. 自分自身を見直してみよう
―セルフケアの方法―

◆自分で行うストレスマネジメント

厚生労働省社会・援護局保護課が作成した『生活保護における相談対応の手引き』（平成二十一年三月、六二～六三頁）では、「自分の持つ力の限界を超え、過剰に頑張らなければならないような事態や、無理を強いられることが悪いストレスになります。まず、こうした事態に陥っていることに自分で気づけることが大切です」と述べており、「自分でストレスを上手に管理できることが最大の予防策」であるとしています。

そして、具体的なストレスマネジメントとセルフケアの方法を紹介しています。その内容は、次のとおりです。ぜひ、ここで自分自身の状況を振り返りながら、チェックしてみてください。

方法1　「今日一日を振り返りましょう」

□　①いつも以上にがんばったことや、つらかったことはありませんか？
□　②体調の変化はありませんか？
　□　1)「疲労感が続いていませんか？」
　□　2)「睡眠をとれていますか？」
　□　3)「食欲減退や過食・過飲酒はありませんか？」
□　③生活のメリハリがついていますか？
　□　1)「残業や休日勤務の状況は？」
　□　2)「趣味・プライベートな楽しみは？」
　□　3)「仕事のことを忘れる時間がありますか？」
□　④ストレスチェックの簡易ツールなどを活用する方法もあります。

※『生活保護における相談対応の手引き』厚生労働省社会・援護局保護課、平成二十一年三月、六二頁（筆者一部改変）

◆一日を振り返って……

いかがでしたか。疲労感、睡眠、食欲など、体調に気づかうことに加えて、業務の負担や趣味等を楽しむ時間の有無、仕事のことを忘れる時間など、生活にメリハリがついているかどうか振り返ることも大切であることがわかります。

方法2 「職場の求めと自分の現実を見極めましょう」

- □ ①自分の力量を知りましょう。
- □ ②職場の求める仕事の中で、目標にできることを見つけましょう。
- □ ③職業上の義務と、自分の感情を区別して認識しましょう。

※前掲書、六二頁（筆者一部改変）

◆自分自身の現実を見つめ直す

方法2は、いかがでしょうか。例えば、①の自分の力量が十分でないと感じることがあっても、そのことで、悩んだり焦ったりすることはありません。新人の時は、仕事が理想どおりにできなくて当たり前です。また、常に新しい課題に向き合う生活保護実践においては、たとえ経験を重ねても、すぐに判断できないことがあるのも通常です。

こうした状況に対しては、②のように、小さなことであっても、目標にできることを見つけ、それを達成していくことで、自信が生まれてくるものと思います。

③のように、職業上求められていることに対してどこまで対応すべきか、ご自身の価値観との間に葛藤が生まれやすいことも、生活保護実践の特徴です。自分自身では、すっきり整理できないこともあるでしょう。同僚や査察指導員の力を借りながら、自分の感情を見直すことをおすすめします。

◆セルフケアの方法

前掲の「手引き」では、セルフケアの方法が次のように示されています。

セルフケアの方法

□　①がんばった時には自分で自分を褒めてあげましょう。

□　②時には愚痴を言うことも大切です。つらい状態にあることを誰かに話して苦労をねぎらってもらいましょう。

□　③自分にごほうびをあげましょう。休暇でも買い物でも遊びに行くことでも構いません。

□　④業務時間を調整しましょう。一人では調整ができない場合は、上司・同僚に相談しましょう。

※前掲書、六三頁（筆者一部改変）

〈自分をねぎらうことの大切さ〉

疲れていたり、気持ちがネガティブになっていたりするときには、つい、うまくいかなかったことや、できていないことに気持ちが向いてしまい、自分を責めたり自信を失ったりしてしまいがちになります。自分自身のがんばりを認めたり、自分で自分を褒めたり、ねぎらったりすることは大切にしたいことです。「自分へのご褒美」も、忘れずにいたいものです。

今できるベストを尽くしたら、「自分を許す」ことも大事であることを、心にとめておいてください。

〈SOSを出せることもワーカーの力量〉

自分の心の中にあることを、口に出して誰かに伝えることは、気持ちを楽にするためにとてもよい方法です。しかしながら、ケースワーカーの場合、仕事にかかわる内容は「守るべき秘密」にあたるため、安易に家族や友人などの第三者に伝えることができないものと思います。こうしたことから、同じ守秘義務を課されている職場の上司・同僚が、いろいろな想いを安心して聴いてもらえる最も適切な存在となります。

業務が加重になってしまっている場合、仕事に悩みをかかえている場合には、ぜひ上司・同僚に相談していただきたいと思います。多様な人びとの生活と人生にかかわる生活保護実践では、ケースワーカー一人の努力だけで、課題解決が図れない場合が少なくありません。「うまくいかない」「困っている」という状況が職場で共有されてこそ、組織的な仕事をよりよくすすめることが可能になります。SOSを出せることも、ケースワーカーの力量であることを忘れないでいてください。

3．仕事の大変さを乗り越えるために

最後に、仕事の大変さを乗り越え、自分自身をよりよい状態にしていくための、ヒントをお伝えしたいと思います。

◆今できることから始める

「仕事が思うようにすすまない」「仕事が溜まってしまい気持ちが追い詰められる」というようなときに思い出していただきたいのが、「今できることを見つけ、できることから始める」ということです。

ケースワーカー一人ひとりのかかえる業務量は相当なものです。すべてをこなそうと無理をすれば疲れてしまい、自分自身が前向きな気持ちで仕事に向き合う力が失われてしまいます。業務を計画的に、優先順位をつけて対応できるに越したことはありませんが、それができないときもあるはずです。そうしたときほど、今できることを見つけ、できるところから取り組むようにしてみてください。

例えば、「簡単な事務処理を一つだけでも終える」というようなことでも大丈夫です。小さな達成感の積み重ねから、少しずつゆとりが生まれてくると思います。

◆リフレッシュ上手をめざす

ご自身をよい状態にしておくために、リフレッシュ上手になることもめざしていきたいことです。「体調が悪くなったときにしか休暇をとらない」という方はいらっしゃらないでしょうか。休暇はできるだけ計画的に、そして、仕事がつらいと感じるようなときほど、一日単位でなく、三日以上のまとまった休暇をとり、仕事から離れてみることをおすすめします。

休暇がとれず残業が続くようなときには、せめて一日でよいので定時に帰宅し、よく眠ってみてください。心身ともにリフレッシュできたら、疲れているときよりもずっと前向きな気持ちで効率的に仕事をすすめることができるものと思います。

日常業務においても、休息する時間を意識してとることが、限られた時間内で密度の濃い仕事をするために有効です。最近では、昼休みに「ちょっと寝（二十分程度でよいので自席等で眠ること）」の実践をされる方も増えているようです。執務時間中も、面接やパソコンの入力等が続くようなときには、合間に水分補給したり、我慢しないでお手洗いに立ったりして、少し体を動かしてみてください。それだけでもリフレッシュできます。新しい気持ちで人や仕事に向き合えるよう、ぜひ休息も大

事にしてください。

◆学びの機会をつくってみる

利用者との対人援助のなかで生まれる悩みを解決する方法として、もう一つおすすめしたいのは、学びの機会をつくることです。「悩んだときこそ学びのチャンス」と、以前にもお伝えしましたが、悩みを解決する知識や技術を学ぶことで壁を乗り越えることができる場合もあります。

方法として、本を読むこと、研修会や講演会に参加してみることなどがありますが、先輩ケースワーカーのなかには、社会福祉士、精神保健福祉士などの国家資格取得に向けた勉強を始めた方もいらっしゃいます。

全国レベル、そして各地では、生活保護や社会福祉関係の自主的研究会（勉強会）が行われています。こうした同じ問題意識をもつ仲間との支え合いと学び合いの機会も悩みを解決し、実践をよりよいものにする助けとなるはずです。

◆かけがえのない自分自身を大切に

利用者の支援において、利用者の「つよみ、ちから、よいところ、がんばりや努力」に着目する「ストレングス視点」が不可欠であるといわれています。これは、ケースワーカーがセルフケアを行ううえでも同様です。悩んでいるときほど、自分自身は「よくがんばり、誠実に向き合っている」のです。

すぐに結果が出ないことや、心配しながら見守らなければいけないような局面が訪れることもあるでしょう。そのようなときこそ状況を組織で共有し、できる限りの対応をしたら、利用者が困難を乗り越えられることを信じて委ねること、そして、「時間」が必要になることもあると心得て、どうか一人でかかえ込まないでください。

かけがえのないご自身を大切にすることが、自分自身を豊かに、そして利用者を大切にする実践にもつながっていくことと思います。

Aさんからのメッセージ

あらためて、疲れてくると気持ちがネガティブになってしまう自分に気づきました。リフレッシュ上手になっていきたいです。

ステップ12　生活保護実践を豊かなものにするために

新人ケースワーカーAさんのつぶやき　その⑫

あっという間に、ケースワーカーになってから一年が過ぎました。少しずつ、自分のペースで仕事ができるようになってきたことを実感しています。二年めはどんな日々になるのかな……。

1．生活保護実践の重要性

本書の第一部もまもなく終わりとなります。ここまで読み進めてくださった皆さまに、心より感謝いたします。新人ケースワーカーAさんも、二年めを迎えられました。これからも、この一年の経験を踏まえて、Aさんらしく、よりよい実践をなさっていかれることでしょう。

職場には、新たな新人ケースワーカーを迎えていらっしゃるかもしれません。さいごに、生活保護実践の意義や重要性をあらためて見直し、参考となる文献と先達のメッセージをご紹介しながら、生活保護実践を豊かなものにするためのヒントをお伝えしたいと思います。

◆「住民の福祉の増進」に貢献できる生活保護実践

皆さまはどのような思いで今の仕事（地方公務員）に就かれたのでしょうか。いま一度、振り返ってみてください。おそらく、住民に貢献したいと願わない地方公務員はいらっしゃらないと思います。

地方自治法第一条の二には「地方公共団体は、住民の福祉の増進を図ることを基本として、地域における行政を自主的かつ総合的に実施する役割を広く担うものとする」と規定されています。行政には、さまざまな役割がありますが、生活保護実践は、生きていくことそのものに不安をかかえた住民を受け止め支えることを通じて「住民の福祉の増進を図る」ことに直接的に貢献できる、とても意義ある取り組みです。

厚生労働省が「国民生活基礎調査」をもとに算出する「相対的貧困率」は、平成二十五年度において一六・一％となっています。国民の約六人に一人が相対的貧困の状態にある現状において、失業、疾病、家族との離別など、さまざまな状況から生活が立ち行かなくなる市民は少なくありません。平成二十七（二〇一五）年度より生活困窮者自立支援法が施行され、「生活困窮者の自立と尊厳の確保（保持）」と「生活困窮者支援を通じた地域づくり」を目的とした取り組みが展開されているところですが、最後のセーフティネットである生活保護が、住民の生活と生命を支える制度として、今後も重要な役割を担う状況に変わりはありません。

◆「総合力」が必要とされる生活保護実践

生活保護実践を担うケースワーカーには「総合力」が必要とされると言われています。

「総合力」とは何をさすのでしょうか。筆者は、「総合力」には、以下のような要素が含まれると考えます。第一は、「人と向き合う力」です。これは、利用者のみならずあらゆる人と真摯に向き合うことを通じて、信頼関係を構築できるような実践力を意味します。

第二は、「現状を分析する力」です。これは、利用者や利用者がおかれている環境、地域の現状とその背景にあるものを客観的にとらえ、分析できる力です。

第三は、「組織的に対応する力」です。さまざまな課題を解決するには、チームや組織で対応することが不可欠であり、そのための力が求められています。

第四は、プログラム、計画、施策等を「企画立案する力」です。個人への支援、組織としての取り組み、いずれにおいても将来を見通し、企画立案できる力が必要とされています。

生活保護ケースワーカーとしての役割を担う皆さまは、こうした「総合力」を発揮することが期待され、今の職場に配属されているものと考えます。そしてまた、生活保護実践を通じて磨かれる「総合力」は、地方公務員としてどのような職場にあっても生かされることと思います。

2. 生活保護実践を豊かなものにするために

生活保護実践は、昭和二十五（一九五〇）年に生活保護制度が施行されてから現在に至るまで、長きにわたってケースワーカーによって担われてきました。ケースワーカー、そしてこの領域に想いを寄せる研究者や実践家によって生み出された多くの「実践知」や「実践理論」が、現在に引き継がれています。ここでは文献の中から、それらの一部をご紹介したいと思います。

> 私は、この生活保護ソーシャルワーカーが行う社会福祉実践ほど、魅力のある仕事はないと思っています。このことは、人の苦悩や悲しみをともにし、相手の幸せを願う仕事に就いている者の多くが感じる共通の認識であると考えています。
> （岡部　卓：首都大学東京　教授）
>
> ※岡部　卓『新版　福祉事務所ソーシャルワーカー必携―生活保護における社会福祉実践―』全国社会福祉協議会、二〇一四年、三四頁。

岡部先生は、ケースワーカーとしてのご経験があり、社会福祉の理論を生活保護の相談援助活動に応用させながら、「生活保護における実践理論」を構築されました。

紹介した文献は、生活保護における社会福祉実践の意義、制度の内容、理論、実践のあり方が具体的にわかりやすくまとめられており、多くの学びと気づきが与えられる必携の書です。

悩んだときにひもとけば、進むべき方向性が見いだせることでしょう。ケースワーカーの皆さまには、座右の書としていただきたい一冊です。

> そしてその最後のセーフティネットとして、公的扶助とりわけわが国では生活保護制度が、「人間らしい生活」の最低限をすべての人々に対して無差別平等に保障するようになっている。不安定な社会であるからこそ、このような制度が重要な役割を果たすのである。
> （杉村　宏：北海道大学　名誉教授）
>
> ※杉村　宏『人間らしく生きる―現代の貧困とセーフティネット―』（放送大学叢書）左右社、二〇一〇年、二二頁。

杉村先生も、ケースワーカーとしてのご経験をおもちです。紹介した本では、誰もが差別されることなく「人間らしく生きる」ことを保障されるために、貧困や人間をどのように見る必要があるかということが、日本や世界における貧困への対応、生活保護制度の成り立ちや歴史的経緯を踏まえて、大変読みやすくまとめられています。生活保護制度の意義、そしてケースワーカーがどのようにあるべきかについて多くの示唆に満ちています。歴史や現代社会の背景を理解して、あらためて、私たちが取り組むべきことの本質が見えてきます。ぜひお読みいただきたい文献です。

「ケースワーカーはほんの少し抜けた顔ができるといい」
すべての仕事の時間を通して、ぴりぴりと張り詰めた顔をしてはならない。目から鼻に抜ける利口そうな表情はしないほうがいい。むしろ、少しぼんやりした明るい顔で、それでもしっかり話を聴いているということがときどき相手にわかるくらいがよい。
（柴田純一：中部学院大学　教授）

※柴田純一『増補版　プロケースワーカー１００の心得―福祉事務所・生活保護担当員の現場でしたたかに生き抜く法』現代書館、二〇一五年、二〇六頁。

柴田先生は、ケースワーカーとしての経験を踏まえて、「１００の心得」を示してくださいました。ご紹介したのは、93番めの心得です。

そのほかに「ケースワーカーとは、人の生活を支える者のことである」「書類を集めることが仕事ではない」「オーダーをとる前にメニューを見せる」「『あるべきこと』は『できること』ではない」「『その時』を活かす人であれ」などがあります。「１００の心得」は、いずれもプロとして自分を磨くためのヒントを授け、この仕事に携わっていてよかったと思えるような新たな視点を与えてくれる珠玉の言葉です。新人ケースワーカーだけでなく、ベテランケースワーカーの方がたにもおすすめです。

「我々生活保護のケースワーカーほど、区民一人一人の生活に入り込む公務員はそうはいません。人の住まいを見るということは、人の暮らしを見る……ということです。」
（先輩ケースワーカー〝半田さん〟の言葉）

※柏木ハルコ　ビッグコミックス『健康で文化的な最低限度の生活(1)』小学館、二〇一四年、二五頁。

最後に紹介するのは、二〇一四年に刊行されてから、多くの一般の方がたにも読まれているコミックス『健康で文化的な最低限度の生活』で、主人公の新人ケースワーカーを支える先輩ケースワーカー〝半田さん〟の言葉です。区役所の新人職員として予想外に生活保護のケースワーカーになった主人公は、驚き、悩みながらもひたむきに、利用者に向き合います。折々に、主人公に伝えられる半田さんの言葉は、心に響きます。

丁寧な取材と研究を重ねた本書で描かれるケースワーカー像は、全国で奮闘されるケースワーカーの姿を映し出すものであり、ここから生活保護実践の課題とあり方を学ぶことができます。全国各地に、多くの〝半田さん〟が誕生することを期待したいと思います。

3．ケースワーカーの皆さまへの期待

◆反省ばかりの元ケースワーカーとして

筆者自身にも、四年間ではありますが、生活保護のケースワーカーとしての経験があります。自分なりに、よい仕事をしたいという想いをもっていましたが、実際には、そうした想いを実現させることは難しく、振り返っては落ち込む、反省ばかりのケースワーカーでした。

縁があり、今の仕事に就いてからは、どうしたら利用者にとってよりよい援助・支援ができるか、全国の実践者、利用者の方がたとともに考える機会をいただいています。

こうしたなかで、生活保護実践の意義や特徴、そして、理念を大切にした実践を続けるための「理論」や「方法」を学ばせていただいてきました。本書でご紹介した内容は、そうした多くの学びをもとにまとめたものです。

◆生活保護実践を通じて与えられる「宝物」

こんな筆者が、生活保護実践に携わるなかでいただいた大切な「宝物」があります。

第一は「出会い」という宝物です。実践を通じたよき先輩、同僚、上司、関係機関、市民の方がたなどとの多くの出会いは、かけがえのないものでした。利用者の方がたには、本当にたくさんのことを教えていただきました。未熟な私を支え、成長させてくださった、たくさんの「出会い」に恵まれました。

第二は「経験」という宝物です。生活保護のケースワーカーとして経験できたことは多岐にわたるものでした。これらの経験は、それまでの自分にはなかった世界にふれさせていただける得がたいものであり、とりわけ、「うまくいかない経験」は、大きな学びを得る大事な機会となりました。

◆利用者とともに歩む実践者に

ケースワーカーの役割は、利用者がよりよい生活を営むことができるよう、制度や皆さま自身の存在を最大限活用しながら、必要な資源や人をコーディネートするとともに、無いものは協力しながら創り出していくことです。利用者一人ひとりの自己実現を願って行われる地道な実践の積み重ねが、住みよい地域社会をつくることにつながります。

ケースワーカーだからこそできることが、数多くあります。問題・課題の解決ではなく、「住民である利用者一人ひとりの幸せ」が支援のゴールであることを、どうか忘れずにいてください。利用者を大切に、利用者とともに歩みながら、この仕事に携わる者だからこそ経験できる、仕事を通じた喜びにたくさん出会っていただきたいと思います。皆さまの一層のご活躍をお祈りしております。

Aさんからのメッセージ

あらためて、ケースワーカーって大変だけど、大事な役割を担っているのだと感じました。失敗も大切にしながら、支援者として、成長していきたいです。

一年間、私を支えてくださった皆さまに、感謝の気持ちでいっぱいです。

【第二部】 ちょっとひといき 生活保護実践

新人ケースワーカーの「あいうえお」（二〇一八年度版）

あ

あいさつがいちばん

「おはようございます」「こんにちは」「お久しぶりです」。にっこり笑顔でのあいさつで、出会った方がどんなにホッとされるでしょう。人とのかかわりが多い生活保護の業務。「お疲れさまでした」「お先に失礼します」など、ちょっとした声かけで、人間関係がスムーズにすすみます。自分から声をかけていきたいですね。

い

急がばまわれ

毎日忙しく仕事をするなかで、なんとか手際よく、合理的に仕事を片づけていきたいと考えてしまうかもしれません。でも、新人ワーカーにとっては「急がばまわれ」の発想も、とても大切です。自分で調べてみること。自分で足を運んで確かめてみること。特に、関係機関との連携をよりよいものにしていくためには、電話を使って話をするだけでなく、直接会って話をしてみると、次からの仕事がずっと円滑に行えるようになります。関係機関との連携でいきづまったら、ちょっと試してみてください。

う　受け止める（「受容」）

「受容」は、ケースワークの原則として代表的な「バイステック の七原則」のひとつです。

「受容」は、利用者や利用者の置かれている現実を、ありのままに受け止めることです。利用者は、自分の話や状況を受け止めてもらえる安心感があって、はじめてケースワーカーからの助言や働きかけを、積極的に受け入れることができるようになっていきます。

例えば、ケースワーカーに対して怒りの感情をぶつける利用者を「許容」することと、「怒っている利用者がそこにいる」という現実を受け止める「受容」とは異なります。支援者は、「利用者のいまの状況や事実」を受け止めて、はじめて冷静に援助を行うことができるのです。

え

縁があってのいま

縁とは、めぐりあわせ。縁とは、かかわりあい。縁とは、関係を築くきっかけ。そんな、なにかの縁があって、いまの皆さまがあるのですね。

縁があってのいまが、ご自身のしあわせ、利用者のしあわせ、皆さまとかかわるすべての人々のしあわせにつながっていきますように…。

お

同じように〝ひと〟であること

相談援助の仕事を続けていると、利用者という「特別な人」を相手に仕事をしているかのように思ってしまうことがあります。でも、皆さまが向き合う人は、皆さまと同じ〝ひと〟なのです。社会福祉のサービスを利用する状況になることとは、長い人生のなかで、誰にでも起こりうることです。そのことを、忘れないでいたいものです。

か

かけがえのないもの

皆さまにとって「かけがえのないもの」は何ですか。「かけがえのないもの」は、「代わりのない、とても大切なもの」を意味しており、私たちの日々や生きていくことを支えてくれる大事な要素です。

皆さまが出会う利用者の「かけがえのないもの」は何でしょうか。人は困難を抱えながらも日々を生きていきます。利用者を支える大切なもの、かけがえのないものは何か、それを理解することからはじめてみてください。

き

「記録」のまとめ方

最初のうちは、何を書いてよいかわからず、ついいろいろなことをたくさん書きすぎてしまう記録。先輩たちの記録を見せていただき、学びましょう。「事実」と「所見」を分けて書くことは鉄則です。

ワーカーの「所見」は、あなた自身が「プロ」としてどのように判断したかを明らかにする欄です。二年め以降はこの欄を大切に。

く

苦労とは、自分を磨く「やすり」です

ケースワーカーは、「自分自身」という道具を使って仕事をしていきます。道具は、手入れをしないとさびついて、使いにくくなってしまいます。使いやすい道具にしていくためには、道具を大切に、油を差し、時には休ませてあげることが必要です。一方で、皆さまが経験する「苦労」は、何よりも、皆さまという「道具」を磨いてくれる大事な体験です。時にはやるせない思いをすることがあるかもしれません。でもきっと、苦労の分だけ磨かれて、道具は使いやすく、使われやすいものになっていくはず。負けないで。

け 「傾聴」しよう

「傾聴《けいちょう》」とは、利用者（他者）の話を、耳と心を傾けて、真摯《しんし》に、そして積極的に聴くことを意味しています。面接の場面では、いかにアドバイスできたかということよりも、むしろ、いかに利用者の話を引き出すことができたか、を大切にしたいものです。

新人ワーカーは、制度等はあまり知らないけれど、その分、利用者の話を一生懸命に聴こうとしています。仕事の内容に熟知していく二年め以降、特に業務が忙しいと、利用者の話を十分に聴く前にワーカーが解決策を示してしまいがちです。

利用者は、ありのままの自分や自分の訴えを「聴いてもらえた」と感じることにより、利用者自身が抱えている課題を自ら整理し、それを自分で解決していく力をもつことができるのです。利用者を中心とした援助関係を築くためにも、「傾聴」の姿勢は忘れないでいきたいものです。

こ　言葉づかいには注意

「うんうん」「はいはい」。友達に対するような言葉づかいが、利用者に対して日常的に使われていませんか。利用者の状況によって、対応を変化させていくことも必要です。でも、もういちど振り返ってみましょう。利用者が、丁寧な言葉で話しているのに、あなただけ「うんうん」とくだけた言葉で対応してはいませんか。

つい使ってしまうのが、「…させる」（通院させる、入所させるなど）という言葉。何気なく使っている言葉かもしれません。でも、あなたは、利用者にとっての「指導者・保護者」ではありません。表面上の言葉にあまりとらわれることはないかもしれませんが、言葉どおりに「させて」いるとしたら、ちょっと問題ありです。生活保護の業務では、法的な行為としての「指導・指示」という用語を使いますが、「指導・指示」を行う前に、利用者の思いを受け止め、「助言」や「支援」を十分に行ったかどうか、もう一度考えてみてください。私たちが考える以上に、利用者は皆さまの言葉を敏感に受け止め感じているものです。美しくあたたかい言葉の使い手をめざしていきたいですね。

さ

最強のケースワーカー

最強のケースワーカーとは、なんでも完璧に仕事のできる人ではありません。最強のケースワーカーは、困った時にSOSが出せる人。できない自分や弱い自分を素直に認め、そこから出発できる人です。

できる自分もできない自分も自覚しながら、いつも新しい気持ちで利用者に向き合っていきましょう。

し 信頼すること

利用者を「信頼すること」はとても大切なことです。例えば、あなたが利用者と相談したうえで決めた約束ごとなのに、利用者がその約束を守らなかったとき、がっかりしてしまうことがあるかもしれません。でも、もう一度振り返ってみましょう。あなたがあまりに一所懸命にかかわってくれるので、本意でないことを受け入れていたのかもしれません。また、短いつきあいのあなたには、いきなり話すことができなかった何かの事情があったのかもしれません。

利用者がどのような状況にあっても、いつも「利用者を信頼する姿勢のあなたがいる」ことが大切なのです。約束が守られなかったときこそ相手を責めず、そうした状況が起こる状況の理解に努めてみてください。

どのような人も、自分の生活や考え方を「自分のために」変えていく力をもっています。そんな「力」を信頼しつづけることが、ケースワーカーには求められています。

す

ストレス解消

日々忙しく過ごしていると、ストレスが溜まってきますね。アフターファイブや休日などを上手に使い、ストレスを上手に解消しましょう。

もうひとつ、ストレスを溜めない方法は、仕事の大変さを一人でかかえこまないこと。困っていることや悩んでいることは、持ち帰らずに、ぜひ、ＳＶ、先輩、同僚に伝えてください。言葉にして自分の外に出すことで、気持ちが楽になります。

皆さまはたくさんの「個人情報」を扱っています。それを安心して開示できる場は、職場です。そのことも忘れないでいてください。

せ

「説明」していますか

利用者の方がたに、ケースワーカーの役割、支援の内容、手続きの方法、見通しなど、きちんと説明していますか。これは、利用者とともに歩む実践には不可欠なことです。説明上手なケースワーカーになりたいですね。

そ

「相談」していますか

仕事を自分だけで完結させていませんか。

職場が忙しいなか、なかなか先輩に相談する時間を見つけることができない、という声も聞かれます。新人時代は、わからなくてあたりまえ、できなくてあたりまえです。どうしたら、最善の相談援助が可能になるか、自分の仕事を点検する意味でも、ＳＶ・先輩・同僚に相談していきましょう。

勇気をもって。どうか、ひとりで悩まずに。

た

立場の違い

人にはそれぞれ、与えられた立場とその役割があります。ＳＶ、係長・課長などの管理職とあなたとは、立場と役割が違います。また、福祉事務所のような公的機関と、施設・病院など民間の機関で働くソーシャルワーカーは、異なる立場と役割をもっています。同じ福祉事務所内のワーカーでも、高齢者担当と生活保護担当では、役割やもっている機能に違いがあります。

それをひとくくりに「管理職」「福祉の仕事に携わる人」「公務員」などとしてとらえていくと、どうしても越えられない壁をつくってしまうことがあります。それぞれの立場、役割はどのようなものか、まず理解しあうこと。そして異なる機能を、利用者の抱えている課題の解決にどのように役立てるか、考えてみましょう。ところで、あなたの立場と役割とはなんでしょう。

ち 遅刻厳禁

新人ワーカーが信頼を得る大切な姿勢。それは「時間を守る」こと。実は、新人時代は、仕事の段取りがなかなかうまくできず、一緒に行動する人を待たせてしまうことが多い時期なのです。二年めからは、早めに準備。特に、利用者との約束の時間は、守るように心がけていきましょう。

利用者は、あなたが遅刻ばかりしていると、いくら親切に対応したとしても「この人は自分との約束はどうでもいいと思っている」と感じて、あなたへの信頼を失ってしまいます。バイステックも「個別化の原則」を具体的に行っていく方法として「時間を守る」ということをあげています。遅れてしまいそうなときは、必ず電話で連絡を。そして、遅れてしまったときには、ていねいにあやまることが大切です。

つ

強みをみつけよう

いろんな物事や、出来事のなかから「強み、ちから、よいところを見いだす視点(ストレングス視点)」は、利用者への支援に不可欠ですが、支援者にとっても、とても大切です。

「うまくいかない」「どうしよう」「もうだめだ」などと思ったときに、ちょっと視点を変えて考えてみてください。一所懸命に人に向き合い、支援に取り組んできたからこそ、悩みや迷いは生まれます。そこには、だめな自分ではなくて、一所懸命な自分がいるのです。相手を思い、考え、悩む、真摯なあなたがいるのです。

でも、人は弱っているときは、自分で自分のストレングスを見つけにくくなるといわれています。自分の状況をストレングス視点で捉え直してくれる仲間を、ぜひたくさんつくってください。

て

出会いを大切に

生きてきた背景も、年齢も、もっておられる経験も、まったく違う多くの方がたと出会うことができる。それが、生活保護の仕事の素敵なところです。仕事とはいえ、社会に生きるさまざまな人の生き方、考え方、想いにふれて、そこから学ぶことができること。これが、この仕事の醍醐味かもしれません。

職場だけでなく、関係機関の方がたとの出会いも大切に。どこかでまた出会い、その出会いがつながっていく。そんなきっかけが、この仕事のなかにはたくさんあるはずです。

と

とてもつらいときには……

生活保護の仕事をしていると、つらいと思うような出来事に遭遇することがあります。すぐに挽回できないような失敗をしてしまったとき。利用者の「死」に立ち会わなければならなかったとき。自分の力不足を感じるようなとき。そんなとき、どうか自分を責めたり落ち込み過ぎずにいてください。そして、そのつらさは、必ず、職場でわかちあってもらってください。

つらい出来事を乗り越えていく力を、誰もが必ずもっています。「痛み」「苦しみ」「悲しみ」は、時の経過とともに、必ず自分のなかに次に生かせる経験として吸収されていくはずです。少し時間はかかるかもしれませんが、あせらずに「時間薬」に任せてみてください。

な

名乗っていますか

窓口で、相談をはじめるとき、自分の名前を名乗っていますか。「○○担当の○○です」と自分の立場と名前を明らかにしてから、話を受けることは、基本中の基本です。例えば、不在の同僚に変わり、電話で伝言や連絡を受ける場合。受けた自分が誰か、相手に伝えましょう。ワーカーや福祉事務所への信頼は、こうした小さな積み重ねから生まれます。

「名刺」も、利用者や外の機関とかかわるときに、自分を知ってもらう大事なツールです。あなたは自分の名刺を持っていますか。名刺の形でなくても、「保護のしおり」に連絡先を入れたようなものも役立ちます。仕事をよりよく行っていくために、ぜひ工夫してみてください。

に

二年めは……

仕事に慣れて、仕事のやりがいが感じられるようになってくるとき。三年めを過ぎると、自分なりの仕事ができると言われています。これからは、少しずつ落ち着いてくるはずです。

もうひといき、ベストを尽くしてください。

ぬ

盗む

盗むのは、もちろん先輩や同僚の「技」です。すごいなあと思った「技」を、先輩たちに「どうやって身につけたんですか」「どうやったらできるようになるんですか」って直接聞くことができるのは、新人に与えられた特権です。

ね

粘り強く……

「なぜ」「どうして」。疑問に感じたことを粘り強く考え、解決に向けていってください。新人だからこそ、エネルギーがある。疑問をたくさんもつことができる。あきらめないで、問題意識を持続させてください。

しかし、「なぜ」「どうして」を利用者にぶつけていくことは「尋問」「詰問」になりやすいので、こちらはご用心。

の

望み

利用者が、福祉の制度やサービスを利用しつつ、自分の生活をどのようにしていきたいと希望しているか、聴いていますか。

将来への「希望」は、利用者の主体的なエネルギーを生み出すキーワードです。

は

「働くこと」とは

「働くこと」は、人間にとって極めて大切なことです。就労支援は「人生支援」ともいわれています。就労（勤労）は、私たちにとっての権利でもあります。生活保護の仕事をしていると、つい、生活保護法第四条の「補足性の原理」から、働くことを考えてしまいがちです。でも、「稼働能力活用のために働いてください」というメッセージは、働くことを「保護を利用するために仕方なくしなければならないこと」として伝えてしまうこともあるので注意が必要です。

なかなか就労できずにいる利用者は、誰もが安定的に自分らしく就労したいと願うなかで、それがかなわなかったさまざまな背景や経験をもつ場合が少なくありません。本人の想いや願いを受け止めることから始める就労支援に取り組んでいただきたいと思います。

ひ

ひとりにしない

社会的孤立が課題となっています。日常的にコミュニケーションがとれる人。困ったときに気兼ねなく相談したり、助けを求めたりできる人。助けが求められなくても、それを察知して支えてくれる人。こうした人とのつながりを、もてずにいる利用者はいませんか。社会的なつながりがない状況が、人の命を奪ってしまうこともあります。

利用者を「ひとりにしない」ために、何ができるでしょうか。利用者が置かれている状況を理解するのが第一歩。そのうえで、地域で行われている社会参加、居場所づくりの取り組みに目を向けてみてください。「働く」ということも、社会的なつながりをつくる大事な営みです。「話ができるのはケースワーカーだけ」というような状況を見逃してしまうことのないように…。

ふ

プライバシー

社会福祉の仕事をしていると、利用者のプライバシーに関することを比較的聴取しやすいものです。それはなぜでしょうか。①プライバシーを明らかにしないと、サービスが利用できないと利用者が考えるから。②公務員であるケースワーカーが信頼されているから。

①と②の両方の側面があると考えられます。病気のこと、家族のこと、資産のこと、本来なら「秘密にしておきたい」と思うようなことをお聞きすることの多い生活保護実践。こうした内容は、通常、一度にすべてを他者に伝えることは難しいということを心得て、確認させていただく必要性を十分に説明したうえで、話をうかがうことを心がけてください。「秘密が守られる」ことを伝えることも大切です。

へ

勉強は必要

「福祉の理論なんて、現場じゃ役にたたない」という言葉をよく聞きます。本当でしょうか。私は、理論は自分の実践を支える礎になるものと考えています。でも、理論をそのまま使おうと思っても、すぐには使えない。自分の実践の場や対象、その時の自分の状況に照らし合わせて、はじめて理論は、生き生きと自分のものになっていきます。（これは、ワーカーだったときに「理論は役に立たない」と思ってしまったことのある、私自身の苦い反省も含んだメッセージです。）

この仕事に就いてはじめて社会福祉を学びはじめた皆さま（社会福祉主事の通信教育を受けている方）、ラッキーですね。

実践の場をもちながらの勉強ほど身になるものはありません。

社会福祉を学んだことがある皆さま、そして、社会福祉職の皆さま、皆さまが学んできた「知識」だけですぐに勝負できるほど、生活保護実践は甘くないです。

社会福祉士・精神保健福祉士の資格をもっている皆さま、「倫理綱領」に書かれてあること、守っていますか。

ぜひ、謙虚に学び続けてください。「謙虚な実践家」、それがプロフェッショナルなのです。最低でも一年に一度は自分のお金で本を買い、研修を受けてみましょう。社会福祉をめぐる状況や理論は刻々と変化しています。「福祉浦島太郎」にならないために……。

ほ

ほんとうに大切なこと

社会福祉の仕事をしていると、つい「サービスを提供した」ということがゴールになってしまいがちです。でも、利用者にとって、サービスの利用は生活の一部にすぎません。利用者によっては、じっくりと考える時間や家族とかかわるその「過程」が、最も必要なことであるかもしれません。利用者の悩みを解決できるのは、利用者自身です。

利用者の持ち込んだ悩みの重さに耐えきれず、あなたが「解決」の方法を決めてしまう。これは、真に課題解決にむけた援助とはいえません。利用者のもっている力を信頼し、解決していくための力を発揮できるようなかかわり、これがほんとうに大切なことなのかもしれません。むずかしいけれど……。

ま

迷ったら……

新人時代は判断に迷うことばかり。利用者は、すぐに明快な回答を求めているのに、即答できない。でも、先輩やSVに確認する時間もない。困ってしまいますよね。

でも、大丈夫。新人時代は、豊富な知識はないけれど、その分一生懸命に、利用者の話を「聴こう」とする姿勢はもっているはずです。利用者の疑問の一つひとつに、即答できなくとも、例えば「いまお困りのことはよくわかりました。このことについては、後ほど（あるいは、所に戻って）○○さんの状況で利用できるサービスを確認して連絡します」などと丁寧に応えれば、多くの場合、利用者は安心するはずです。

あせって不正確な回答をしてしまうより、「正確かつ最善のサービス提供」を心がけてください。

み

見えないところで……

日々の自分の仕事で一所懸命、一年めはこれでOK。二年めは、ちょっと周りを見渡してみましょう。あなたが溜めていた仕事やクレームは、SVや先輩が黙って引き受けてくれていたかもしれません。また、ごみの片づけ、みんなで使う書類の補充、先輩がしてくれていたかもしれません。いつも人より早く来て、机やいすをきれいに拭いてくれている、そんな同僚がいるかもしれません。職場には、仕事を円滑に行うために必要な「仕事以外の仕事」も沢山あるのです。誰かがやってくれていること。自分ができなくても、感謝し、協力していく目配り、気配りが生まれてくるといいですね。

む

無理しない

疲れ切ってしまうと、「冷静な判断」「あたたかな対応」「迅速な処理」ができなくなってしまいます。①遅刻・午前中の休みが多い　②ささいなことで怒ってしまいやすい　③仕事の夢を見て眠れない　④毎日残業をしている　⑤病気になったときしか休暇は取らない　⑥休暇や研修で職場を離れているときも仕事が気になり職場に電話してしまう。

①~⑥のどれかに思い当たったら、ちょっとひと休みが必要かもしれません。「無理をしない」ということも、時に必要な勇気です。

め

面接の極意

「面接」をよりよいものにしていくための極意とは……。

面接の前にお試しください。

①とってもゆとりのあるとき↓面接の準備をしよう(ケース記録を丁寧に読み返し、面接の目的を自分の中で確認してのぞんでみましょう。)

②多少ゆとりがあるとき↓今日の面接のポイントを頭の中で整理しよう(記録をゆっくり読む時間ほどの時間がなければ、面接のポイントだけでも事前に自分でしっかり確認しておきましょう。)

③ゆとりがないとき↓相談者と向きあう前に、深呼吸。(頭、そして気分を切り替えて、面接にのぞみましょう。)

も

「問題」とは

利用者を「問題のある人だ」などということがあります。その人が、解決しなければならない「問題」をかかえていることに間違いはないかもしれません。でもその人自身が「問題」なわけではありません。かかえている「問題」そのものと人とは、切り離して考える必要があります。

最近の社会福祉実践では、あまり「問題」という言葉は使わず、その人がいまかかえている「困りごと」や「課題」として、解決すべきことを把握するようになっています。「課題」を解決するためには、利用者が「できていること」や「もっている力」を見出すことも大事です。ぜひ意識してみてください。

や

休みを上手にとりましょう

いい仕事をするために、休み（休暇）をとることはとても大切なことです。仕事が忙しかったり、やるべきことが溜まっている時ほど、無理をしてしまいがちです。でも、そんなときほど「休むこと」を思い出してください。休んで力が蓄えられると、いつものように仕事に向き合うことができるようになります。計画的に休暇を取得する、「休み上手」でありたいですね。

ゆ

ゆっくりと……

ゆっくりと、いいケースワーカーになっていってください。

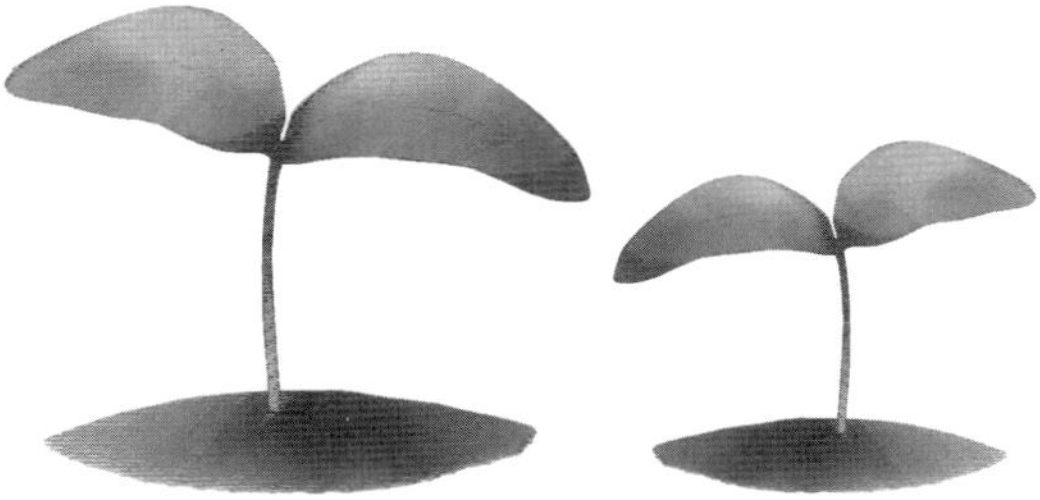

よ

喜びをわかちあおう

仕事をしていてよかったこと、うれしかったことを、ぜひ職場の皆さまとわかちあってください。喜びをわかちあうことから、プラス志向の実践がはじまっていきます。ちいさな喜びの種は、日々の仕事に必ず見出せるはず。ぜひ、見つけてください。

ら

ラベルを貼らずに……

「高齢者」「障害者」「母子世帯」など、利用者を世帯類型や、疾病・障害の状況でとらえてしまうことはないでしょうか。「生活保護受給者」というラベルを貼られて苦しんでいる利用者も少なくありません。

利用者は、皆さまが迎えた住民のひとりです。一人ひとりをかけがえのない「○○さん」として受け止めていきたいですね。

り

リラックス

人の悩みや苦しみを受け止めることが少なくない、社会福祉の仕事。知らない間に、利用者の抱えている重荷を一緒に背負ってしまうこともあるかもしれません。そんなときは肩の力を抜いて、自分をリラックスさせることがとても大切です。

辛いこと、苦しいことがあると、ついうつむいて、はぁ~とため息をついてしまいがちです。体も心も縮こまってしまうのです。勤務時間内に短時間でリラックスするには、縮こまったエネルギーを外に向けて解放することが効果的です。ため息ばっかりついているなぁと思ったら、手足を上にのばしてみましょう。窓の外の空の高いところに目を向けてみるのもおすすめです。ちょっと離席して、深呼吸したり、お茶などの飲み物を一杯飲んだり、こうしたことでも気分は落ち着きます。自分なりのリラックス方法をたくさん見つけてくださいね。

る

ルール

「ルール（規則・きまりごと）」に「利用者」の状況をあてはめるのではなく、「利用者」のためにいかに「ルール」を活用するか、常に発想していたいものです。

れ

「連携」を大切に

あなたひとりの力は大きい。でも、ひとりでできることには限界があることも事実です。利用者に必要なのは、あなただけではありません。他の専門職種と結び合っていきましょう。そして、相談者にいつでも適切に紹介できるよう、情報交換を密にしておきましょう。よりよい「連携」を結ぶ第一歩は、自分の役割や自分の担当している制度の内容を相手に伝えることからはじまります。まずは、自分のほうからアプローチしてみましょう。「先手必勝」、これが大事です。

3

論より証拠

いくらあなたが上手に説明しても、特に生活保護をはじめとする諸制度の内容や運用については、利用者に、いっぺんに言葉だけで伝えることは難しいものです。「保護のしおり」や制度のパンフレットなどを上手に活用しましょう。そして、その説明だけで不足と思われることは、メモをして利用者に渡しましょう。

これが、ケースワーカー流の「論より証拠」です。

わ

わたしって……

「わたしってどんな人なんだろう…」

時にはそんな問いを、自分に向けてみてください。自分自身を知っていることは、支援者としてとても大切なことです。なぜなら、さまざまな価値観、感情や感覚をもっている自分自身を「道具」として、生活保護実践は行われるからです。

自分が好きなこと、嫌いなこと。
自分が許せること、許せないこと。
自分が得意なこと、苦手なこと。
自分がもっている偏見、価値観。

嫌いなことや許せないこと、偏見があることを、隠したりごまかしたりする必要はありません。そのことを、自分で自覚しておくことこそが、大切なのです。偏見は無理解や誤解が生み出すものです。自分のもつ否定的な感情や偏見に、利用者を巻き込むことのないように、学びながらご自身を磨いてください。「自分」という道具の持ち味を、よく吟味し、上手に活用してください。そして、利用者だけでなく、自分のことも大切にできる皆さまであってください。

おわりに…

この「あいうえお」は、一九九八年に横浜市社会福祉職の「新人ケースワーカーのフォローアップ研修」におじゃまする機会を与えられたときに、はじめてまとめたものです。その後、読み手であるさまざまな職種の方に向けて、少しずつ内容を改訂しながらご紹介してきました。初版から早くも二十年。本稿はこのたび本書を出版するにあたり、生活保護ケースワーカー向きにまとめ直したものです。ご覧いただき、ありがとうございました。

これは、私自身が反省ばかりのケースワーカーだった時代に、私を助けてくれたさまざまなエピソードを思い出しながらまとめたものともいえます。特に新人時代は、思うような仕事ができず、落ち込むことばかりでした。でも、振り返ってみれば、利用者、同僚、関係機関の皆さまから、多くのことを学ぶことができたのもこの時期でした。

思い出したときに、ご覧いただき、皆さまの実践のヒントにつながるような言葉を見つけていただくことができたら嬉しく思います。

社会福祉、そして生活保護制度は、時代状況が変化するなかで変革を続けています。このような時期に生活保護実践に携わり、新しい時代を「創る」役割を担っていることに誇りをもって、ベストを尽くしていただくことを願っております。皆さまのますますのご活躍を、心よりお祈りしています。

私のかつての同僚が贈ってくれた言葉を、結びにさせていただきます。


「仕事のやりにくさは、ひとつひとつを大切にすれば、いろんなことを教えてくれるメッセージになる」

参考文献　ケースワーカーのための小さな本棚
～生活保護実践への理解を深めるために～

〈生活保護に関する雑誌〉

●『生活と福祉』（月刊）全国社会福祉協議会

●『公的扶助研究』（季刊）全国公的扶助研究会

〈生活保護制度について理解を深めるための参考文献〉

●池谷秀登著『生活保護ハンドブック―『生活保護手帳』を読みとくために』日本加除出版、二〇一七年

●小山進次郎著『改訂増補　生活保護法の解釈と運用（復刻版）』全国社会福祉協議会、二〇〇四年

●『社会福祉学習双書』編集委員会編『公的扶助論―低所得者に対する支援と生活保護制度』全国社会福祉協議会、二〇二〇年

●森川　清著『改正生活保護法―新版・権利としての生活保護法』あけび書房、二〇一四年

●吉永　純編著　全国公的扶助研究会監修『Ｑ＆Ａ生活保護手帳の読み方・使い方［第２版］』明石書店、二〇一七年

〈生活保護の相談援助・自立支援について考えるための参考文献〉

●池谷秀登著『生活保護ケースワーカーのあなたへ』全国社会福祉協議会、二〇二〇年

●岡部　卓著『改訂福祉事務所ソーシャルワーカー必携―生活保護における社会福祉実践』全国社会福祉協議会　二〇一四年

●岡部　卓・長友祐三・池谷秀登編著『生活保護ソーシャルワークはいま：より良い実践を目指して』ミネルヴァ書房、二〇一七年

●川崎市生活保護・自立支援室編『現場発！　生活保護自立支援川崎モデルの実践―多様な支援が生きる力を育む―』ぎょうせい、二〇一四年

●釧路市福祉部生活福祉事務所編集委員会編『希望をもって生きる―自立支援プログラムから生活困窮者支援へ釧路チャレンジ』全国コミュニティライフサポートセンター、二〇一六年

●柴田純一著『増補版　プロケースワーカー１００の心

得―福祉事務所・生活保護担当員の現場でしたたかに生き抜く法』二〇一五年

●新保美香著『生活保護スーパービジョン基礎講座―ソーシャルワーカー・利用者とともに歩む社会福祉実践―』全国社会福祉協議会、二〇〇五年

●東京ソーシャルワーク編『Ｈｏｗ ｔｏ生活保護生活保護法改定対応版―申請・利用の徹底ガイド〈二〇一五―一六年版〉』現代書館、二〇一五年

●吉永　純・衛藤　晃編著　全国公的扶助研究会監修『Ｑ＆Ａ生活保護ケースワーク支援の基本』明石書店、二〇一七年

〈生活保護に関する関係図書〉

●稲葉　剛著『生活保護から考える』（岩波新書）岩波書店、二〇一三年

●柏木ハルコ著『健康で文化的な最低限度の生活』（コミックス）（一）～（九）、小学館、二〇一四年～二〇二〇年（続刊予定あり）

●さいきまこ著『陽のあたる家―生活保護に支えられて―』（コミックス）秋田書店、二〇一三年

●みわよしこ著『生活保護リアル』日本評論社、二〇一三年

●和久井みちる著『生活保護とあたし』あけび書房、二〇一二年

●役所てつや原案　先崎綜一著『フクシノヒト　こちら福祉課保護係』文芸社文庫、二〇一七年

●役所てつや原案　先崎綜一著『フクシノヒト2　こちら福祉課保護係』文芸社文庫、二〇一八年

〈貧困に関する参考文献〉

●阿部　彩著『弱者の居場所がない社会―貧困・格差と社会的包摂』（講談社現代新書）講談社、二〇一一年

●岩田正美著『貧困の戦後史』筑摩書房、二〇一七年

●金子　充著『入門貧困論―ささえあう／たすけあう社会をつくるために』明石書店、二〇一七年

●杉村　宏著『人間らしく生きる―現代の貧困とセーフティネット』左右社、二〇一〇年

おわりに

本書と出会ってくださった皆さま、あらためて、本当にありがとうございました。これは、筆者がこれまでお世話になった、生活保護実践にかかわる皆さまや、利用者の方がたから教えていただいた多くのことを、社会福祉や生活保護に関する理論と照らし合わせながら、時間をかけて紡いだものです。こうした出会いと学びがなければ、本書を形にすることはできませんでした。

生活保護実践が、利用者とともに歩む社会福祉実践として、よりよいものとなることを願いつつ、これからも、皆さまとともに歩みをすすめていきたいと思います。

最後に、筆者が原稿と向き合う時に、いつもパートナーとして、ともに歩んでくださる全国社会福祉協議会出版部の皆さま、そして私をあたたかく支えてくださる皆さまに、心より感謝いたします。

二〇一八年七月吉日　新保美香

著者紹介

新保　美香（しんぼ　みか）

明治学院大学社会学部社会福祉学科教授

明治学院大学大学院社会学研究科社会福祉学専攻博士前期課程修了。

高齢者介護施設、福祉事務所（高齢者・生活保護担当）勤務を経て、一九九七年より明治学院大学に勤務。

［専攻］社会福祉学、公的扶助論

生活保護実践講座
—利用者とともに歩む社会福祉実践—

発　行　平成30年7月9日　　初版第1刷
　　　　令和 4 年3月2日　　初版第4刷

著　者　新保　美香

発行者　笹尾　勝

発行所　社会福祉法人　全国社会福祉協議会
　　　　〒100-8980　東京都千代田区霞が関 3-3-2　新霞が関ビル
　　　　TEL　03-3581-9511　FAX　03-3581-4666

振　替　00160-5-38440

定　価　1,210円（本体1,100円＋税10%）

印刷所　三報社印刷株式会社

ISBN978-4-7935-1279-7　C2036　¥1100E